Thibaut Bernardin

111 Lieux à Strasbourg à ne pas manquer

111

emons:

MIXTE
Papier issu de sources responsables
FSC® C043106
FSC
www.fsc.org

Crédits photographiques : © Thibaut Bernardin sauf chap. 102 © Bruno Dazeur
Mise en page : Eva Kraskes, d'après un concept
de Lübbeke | Naumann | Thoben
Cartographie : altancicek.design, www.altancicek.de
d'après OpenStreetMap
Impression et façonnage : Grafisches Centrum Cuno, Calbe

Achevé d'imprimer en 2020
Édition originale
Dépôt légal : octobre 2020
ISBN : 978-3-7408-1022-1

Avant-propos

« Strasbourg est une ville exquise. » Difficile de contredire Antoine de Saint-Exupéry tant il fait bon y vivre ou y séjourner. Car au-delà de la cathédrale, majestueuse et sublime, et de la Petite France, carte postale pittoresque, la ville recèle bien d'autres trésors laissés par 2 000 ans d'histoire et des personnalités parfois surprenantes.

Quiconque aime explorer et voyager dans le temps appréciera de marcher dans les pas de Victor Hugo, de Goethe, de Mozart ou du général Leclerc. Ou bien de découvrir des personnalités strasbourgeoises moins connues qui ont pourtant marqué l'histoire comme Georges Frédéric Strass, Mélanie de Pourtalès ou l'espion de Napoléon Ier. En levant la tête, vous découvrirez souvent des détails incroyables et surprenants disséminés dans la ville comme ce coq qui pousse un cocorico en pleine rue à l'heure du déjeuner, ces petites cigognes en *pixel art* qui ont envahi les murs, ces obus prussiens encastrés dans les façades ou ce bonnet phrygien, symbole de la Révolution française et vestige d'une histoire rocambolesque pour sauver la flèche de la cathédrale.

D'ailleurs, vous êtes-vous demandé ce qui se cache derrière ce monument qui fut longtemps le plus haut du monde ? Saviez-vous que la ville abrite le plus vieux vin blanc, a vu naître le pâté de foie gras, possède l'une des plus vieilles salles de cinéma et accueille le premier « maître d'art » dans le domaine de l'automobile ? Il faut parfois s'amuser à pousser les portes pour découvrir ces secrets, témoins de l'histoire et de la culture de la ville, ou faire la connaissance d'artisans ou d'artistes passionnés et passionnants qui en font sa richesse.

C'est ce que j'ai fait pendant plusieurs mois, mon appareil photo à la main. À travers ces 111 lieux originaux, insolites ou marqués par l'histoire, je vous emmène découvrir cette ville fantastique dont vous risquez, comme moi, de tomber amoureux.

111 Lieux

1_L'AEDAEN Place

Saurez-vous trouver le bar caché ?

Difficile de définir l'AEDAEN Place tant le lieu est éclectique. Dans cet espace de 400 mètres carrés se trouvent à la fois une galerie d'art, une pizzeria et une brasserie avec son café littéraire. Les propriétaires ont poussé le vice jusqu'à y ajouter un bar caché. Tout ici est énigmatique et créatif, à commencer par son nom. Derrière l'acronyme, il y a la promesse d'un art omniprésent, jour comme nuit (*Art Every Day And Every Night*).

Depuis la rue des Aveugles, la brasserie est l'espace le plus marquant. Et pourtant, rien ne laisse vraiment présager l'expérience qu'on s'apprête à vivre – une fois la porte poussée, on plonge dans une atmosphère particulière. Dans le café littéraire, les livres grimpent au plafond comme les fleurs d'un bouquet ; les murs sont décorés de superbes tapisseries aux motifs floraux. Vient ensuite le petit boudoir, plus intime. À l'arrière, la salle prend un aspect brut et végétal. La nature est également à l'honneur dans l'assiette avec des légumes particulièrement bien travaillés.

À côté, la pizzeria offre une ambiance new-yorkaise radicalement différente. Mais l'attraction se passe au fond, près des toilettes. Derrière une commode se cache le *speakeasy*, le bar « clandestin ». On pénètre alors dans un autre monde : celui de la prohibition des années 20. L'ambiance est feutrée, sans lumière naturelle, avec un fumoir à l'étage. On perd alors tout repère temporel pour profiter de l'excellente sélection de cocktails que l'on choisit dans une édition revisitée de *Justine* du marquis de Sade.

En ressortant de l'autre côté de la ruelle, on fait face à la galerie d'art installée dans une ancienne malterie. Elle en conserve le côté brut et industriel pour mettre à l'honneur des artistes très variés. L'exposition se prolonge en ligne avec un site internet dédié, qui leur permet de présenter leur travail et de vendre leurs œuvres dans le monde entier, de jour comme de nuit.

Adresse 4-6 rue des Aveugles, 67000 Strasbourg | **Transports en commun** Tram D/F, arrêt Alt-Winmärik | **Horaires d'ouverture** Tous les jours de 11 h 30 à 1 h | **À savoir** L'AEDAEN Place n'est pas le seul bar caché de Strasbourg. Allez faire un tour du côté du bistrot Le Galopin et tentez de trouver le Moonshiners.

2 L'aérodrome du Polygone

Dessine-moi un avion

Dans la quiétude du parc de la Citadelle, on entend un petit avion de tourisme approcher. Il se redresse, ralentit puis sort son train d'atterrissage. Il se posera quelques centaines de mètres plus loin sur l'aérodrome du Polygone. Cet ancien terrain militaire situé entre le Neudorf et le Neuhof fut utilisé dès 1720 pour réaliser des parades militaires, des manœuvres et des essais d'armes d'artillerie. D'autres machines plus étranges y furent ensuite testées au début du XXe siècle.

En effet, cette vaste surface plane et dégagée était idéale pour expérimenter les premiers aéronefs de l'industriel Émile Mathis – il y testa son monoplan *Antoinette* qui survola symboliquement la cathédrale strasbourgeoise le 3 mai 1910 à une vitesse de 60 kilomètres par heure. Puis la Première Guerre mondiale attira le regard des militaires sur l'aviation : le *Flieger-Bataillon Nr. 4* de l'armée allemande s'installa au Polygone en 1913, remplacé après la guerre par le 2e régiment d'avions de chasse français.

C'est dans ce régiment qu'un certain Antoine de Saint-Exupéry fut affecté comme mécanicien en 1921. L'auteur du *Petit Prince*, alors âgé de 21 ans, passera trois mois à Strasbourg dans l'espoir d'apprendre à piloter. Il réussit à convaincre les autorités militaires de le laisser prendre des leçons de vol financées par sa mère, mais la vie dans la caserne ne lui plaît guère. Il trouve « une chambre épatante » au 12 rue du 22-Novembre et apprécie pleinement la ville qu'il trouve « exquise », comme il l'indique dans une lettre à sa mère. Il repartira de Strasbourg avec son brevet de pilote en poche. Aujourd'hui, une plaque apposée sur son ancien immeuble commémore son passage.

L'aviation militaire laisse place après 1945 à l'aviation de loisirs. Seule l'ancienne caserne subsiste et accueille depuis 1993 le quartier général du Corps de réaction rapide européen, l'Eurocorps.

Adresse 38 rue Guynemer, 67100 Strasbourg | **Accès** Depuis la route du Rhin, suivre la direction Colmar puis la direction aérodrome du Polygone | **À savoir** L'aéroclub d'Alsace propose des baptêmes de l'air et des formations de pilotage d'avion ou d'ULM.

3 Les anciennes glacières

Transformer l'eau en glace

Dans le pittoresque quartier de la Petite France, la maison des tanneurs, l'écluse ou le pont tournant sont de véritables attractions. Plus discret, l'imposant hôtel Régent cache pourtant un trésor derrière ses baies vitrées et ses grands murs de pierre. La bâtisse abritait jusqu'en 1990 une usine de fabrication de glace avant d'être transformée en hôtel prestigieux. Mais que pouvait bien faire de la glace à la Petite France ?

Au XIXe siècle, les réfrigérateurs n'existaient pas, mais on venait de découvrir comment fabriquer de la glace. Pour conserver ou refroidir les denrées, les brasseurs et les bouchers strasbourgeois décidèrent en 1897 de transformer un vieux moulin sur l'Ill en usine de production d'électricité et de glace. Le principe était assez simple : de l'eau potable était puisée dans la nappe phréatique pour être coulée dans des mouleaux de 25 litres qui étaient ensuite plongés dans un grand bac de saumure refroidi à -5 °C. Quelques heures plus tard, l'eau s'était transformée en glace. Jusqu'à 8 000 pains de glace sortaient chaque jour de l'usine après la Seconde Guerre mondiale. Ils étaient alors chargés dans de petites camionnettes rouges et blanches pour être livrés chez les brasseurs, les restaurateurs ou des particuliers.

À partir des années 80, l'avènement du froid industriel et la généralisation des réfrigérateurs ont sonné le glas de l'usine. Le bâtiment est racheté et transformé en hôtel de luxe. Le matériel, patrimoine unique et exceptionnel, est quant à lui classé au titre des monuments historiques en 1991.

Depuis la fermeture de l'usine, une association de passionnés veille sur les anciennes glacières. Elle ambitionne, un jour, d'en faire un musée. En attendant, on peut apercevoir quelques vestiges depuis le hall de l'hôtel ou deviner les turbines derrière la verrière lorsqu'on se promène sur la passerelle.

Adresse 5 rue des Moulins, 67000 Strasbourg | Transports en commun Depuis l'arrêt de Tram Langstross – Grand'Rue, remonter la Grand'Rue jusqu'à la Petite France puis franchir le pont tournant | À savoir L'Association des anciennes glacières de Strasbourg propose des visites guidées sur demande et ouvre les salles chaque année lors des Journées du patrimoine.

4 Apollonia

L'art européen dans la cité

À l'entrée de la Robertsau, une drôle de structure en bois jaillit de terre et s'élance dans un joli jardin fleuri. À y regarder de plus près, cette courbe gracieuse se compose d'anciens éléments de meubles : ici un pied de table sculpté, là une façade de tiroir…

L'accès se fait quelques mètres plus loin, entre une boutique de toilettage canin et le restaurant Au Bon Pasteur. Au fond de la cour, une jolie porte bleue invite librement au voyage, à la découverte de la diversité artistique européenne et parfois bien au-delà. L'association Apollonia y a élu domicile en 2015. Avant que le lieu ne se retrouve abandonné, on trouvait ici des taureaux, puis des voitures anciennes. À deux pas du très prisé quartier européen, la situation est aussi idéale qu'inespérée pour cette association fondée en 1998, qui entend partager les créations artistiques émergentes les plus atypiques et innovantes de toute l'Europe.

Dans l'entrepôt de 400 mètres carrés reconverti en galerie, Apollonia fait découvrir aux visiteurs l'art contemporain européen à travers un programme d'expositions éclectiques, renouvelé tous les 2 mois. Il est le fruit de plus de 60 missions de prospection dans toute l'Europe depuis la création de l'association qui lui ont permis de s'inscrire progressivement dans un réseau culturel riche, notamment en Europe centrale et en Europe de l'Est.

Mais l'art ne doit pas rester cantonné aux galeries ; il doit aussi investir l'espace urbain, le réenchanter, en faisant intervenir artistes et citoyens. Le jardin participatif d'Apollonia en est une première illustration concrète : c'est une manière d'occuper l'espace autrement qu'avec du béton et de créer un endroit mêlant culture, nature et loisirs tout en impliquant les habitants du quartier. L'association imagine aussi des parcours pour découvrir la ville à pied, dans une démarche créative et participative. En plus de vos chaussures, vous pourriez peut-être bien avoir besoin d'un pinceau ou d'un stylo.

Adresse 23 rue Boecklin, 67000 Strasbourg | **Transports en commun** Tram E, arrêt Robertsau-Boecklin | **Horaires d'ouverture** Du mercredi au vendredi, de 11 h à 18 h ; samedi et dimanche de 14 h à 18 h | **À savoir** Le jardin participatif est ouvert à tous. Si vous souhaitez venir y jardiner dans un cadre convivial et créatif, vous pouvez y adhérer auprès de l'espace Apollonia.

5 Les ateliers Bretz'Selle

Mécano de son propre vélo

À lire la devanture de l'atelier, on pourrait s'attendre à y tresser des bretzels. Mais il n'y a ni pâte ni four à l'atelier Bretz'Selle, seulement des porte-vélos, des chambres à air et des clés Allen. Si la délicieuse pâtisserie est bien présente, c'est seulement en décoration au mur – comme un clin d'œil local amusant. Ici, on répare son vélo ou on apprend à le faire. Il n'y a pas de mécanicien, mais des bénévoles toujours prêts à donner des conseils sur le bon outil ou le bon geste pour changer sa roue ou régler ses freins.

La petite boutique de Bretz'Selle n'est pas un magasin de vélos, c'est un atelier en libre-service porté par une association. Créée en 2010, elle peut aujourd'hui compter sur sa cinquantaine de membres actifs pour faire la promotion de la bicyclette à travers une approche utilitariste et festive. Pourtant, l'idée n'est pas de faire la promotion du vélo ni du lobbying auprès des pouvoirs publics pour aménager une infrastructure cyclable adaptée ; d'autres acteurs remplissent ce rôle sur le plan national et local comme leur voisin du CADR 67.

Bretz'Selle encourage plutôt ceux qui veulent faire du vélo en les aidant à entretenir leur monture pour rouler en sécurité et prendre confiance en soi. L'approche est ludique avec, par exemple, des apéros démontage pour bricoler dans la bonne humeur. Elle favorise aussi le recyclage par le réemploi au maximum de pièces et de vélos usagés. Au-delà de l'atelier rue des Bouchers, les bénévoles de l'association sillonnent le territoire de l'Eurométropole avec des ateliers nomades et des animations dans des écoles, des centres socioculturels ou des entreprises.

Enfin, loin de vouloir limiter cette pratique au seul centre de Strasbourg, Bretz'Selle accompagne l'émergence de nouveaux ateliers de proximité dans les différents quartiers de la ville. Autant d'actions pour mettre en selle les Strasbourgeois !

Adresse 10 rue des Bouchers, 67000 Strasbourg | Transports en commun Tram A/D, arrêt Porte-de-l'Hôpital | Horaires d'ouverture Voir les horaires des permanences sur www.bretzselle.org | À savoir Pour limiter le risque de vol de votre vélo, pensez à le faire marquer chez CADR 67, juste à côté.

6 L'Aubette 1928

Vestige des Années folles

Les gens se pressent dans ce coin de l'Aubette depuis qu'une grande chaîne de café américaine s'y est installée en 2016. L'intérêt du lieu ne se trouve pourtant pas dans le gobelet personnalisé, mais à l'étage, auquel on accède par un long couloir à gauche du café. Au sol, le carrelage annonce déjà la couleur. On emprunte ensuite les escaliers, assez classiques jusqu'à l'entresol. Et là, le décor change complètement : tel Owen Wilson dans le film *Minuit à Paris*, on a le sentiment d'être transporté dans les Années folles.

Certes, l'ambiance est bien différente aujourd'hui dans cette aile de l'Aubette qui accueille des œuvres exceptionnelles. Il y règne le calme d'un musée en contraste total avec l'agitation de la place Kléber en contrebas. Cet ancien bâtiment militaire néoclassique, élevé entre 1764 et 1778 par l'architecte du roi Jacques-François Blondel a été partiellement transformé il y a près d'un siècle en un vaste complexe de loisirs sur quatre niveaux à l'initiative des frères Horn. On y trouvait alors un salon de thé, un billard, un ciné-bal ou encore une salle des fêtes.

Pour l'aménagement et la décoration, les entrepreneurs avaient fait appel à l'artiste strasbourgeois Jean Arp et à son épouse Sophie Taeuber-Arp, figures de proue de l'avant-garde et fondateurs du mouvement dada. Le couple s'est fait aider par un ami, Theo van Doesburg, qui imagina une œuvre d'art totale du sol au plafond, des décors au mobilier, sur les principes esthétiques du néoplasticisme. Pas étonnant donc de se sentir plongé dans une toile de Mondrian grandeur nature. Les deux artistes néerlandais sont à l'origine du mouvement artistique De Stijl, connu pour ses formes géométriques où les couleurs primaires s'expriment pleinement.

À son ouverture en 1928, l'Aubette affichait l'ambition d'être un haut lieu culturel et artistique strasbourgeois, malheureusement stoppée 10 ans plus tard par la Seconde Guerre mondiale.

Adresse 31 place Kléber, 67000 Strasbourg | **Transports en commun** Tram A/B/C/D, arrêt Homme-de-Fer. L'entrée de l'Aubette 1928 se fait à côté du Starbucks | **Horaires d'ouverture** Du mercredi au samedi de 14 h à 18 h | **À savoir** Ancien bâtiment militaire, l'Aubette tient son nom des ordres que l'on donnait à l'aube.

7 Au Canon

L'éclat des bulles

Au cours d'un déjeuner à l'Élysée à la fin des années 80, le Président de la République François Mitterrand interroge ses invités sur les grands tournants de l'histoire de l'Europe. Helmut Kohl évoque les traités de Westphalie de 1648, Margaret Thatcher mentionne la Grande Charte (*Magna Carta*) de 1215. Jacques Chirac lève quant à lui son verre de bière et répond : « 1664, Kronenbourg ». L'anecdote peut prêter à sourire, mais elle illustre à merveille le fait que certaines dates marquent certains esprits plus que les autres.

Pour les amateurs de bière, 1664 tient une place de choix. C'est en effet le point de départ d'une fabuleuse saga de l'industrie brassicole. Jérôme Hatt obtient sa maîtrise de brasseur le 9 juin de cette année-là et s'installe dans la brasserie du Canon où il élabore sa toute première bière. La plaque apposée sur la façade du bâtiment d'origine encore existant nous le rappelle. Son entreprise connaît un franc succès, ce qui lui permet de racheter l'établissement en 1669 et de devenir l'une des adresses les plus réputées de la ville. Deux siècles plus tard, face aux crues régulières de l'Ill, la brasserie déménage dans le quartier de Cronenbourg qui lui inspire son nom. La date, quant à elle, va devenir la marque premium du groupe à partir de 1952 et la sortie d'une cuvée spéciale en hommage au couronnement de la reine d'Angleterre. Elle est aujourd'hui la bière française la plus vendue dans le monde.

De son côté, la brasserie Au Canon garde un pied dans l'histoire. Durant le siège de Strasbourg de 1870, elle est touchée par un obus prussien qui est resté encastré dans sa façade. Étrange clin d'œil ou nom prédestiné ? Aujourd'hui scellé, le projectile reste toujours visible au-dessus de l'enseigne. La brasserie a fait peau neuve en 2019 après quatre mois de travaux. La bière y occupe encore une place centrale : on trouve sur la carte pas moins d'une quinzaine de bières à la pression.

Adresse 1 place du Corbeau, 67000 Strasbourg | **Transports en commun** Tram A/D, arrêt Porte-de-l'Hôpital | **Horaires d'ouverture** Du lundi au jeudi de 9 h à 23 h et du vendredi au dimanche de 9 h à minuit | **À savoir** Une dizaine d'obus prussiens sont encore encastrés dans les façades strasbourgeoises, comme dans celle de l'hôtel de la cathédrale ou celle du 18 quai Saint-Nicolas. Le Musée historique expose également un obus en acier que les visiteurs peuvent toucher.

8 Au Fond du Jardin

Un voyage hors du temps

À Strasbourg se cache une étonnante machine à voyager dans le temps. Il suffit d'aller « au fond du jardin » pour être transporté dans l'Angleterre victorienne de la fin du XIXe siècle, une tasse de thé à la main. La vaisselle en porcelaine est de toute beauté. Tout autour de vous, de belles roses pastel et de somptueuses tapisseries rendent l'ambiance parfaite.

Ce décor, Fred l'a imaginé au millimètre près dans sa grange de Saint-Rémy-de-Provence lorsqu'il avait 16 ans. Devenu décorateur quelques années plus tard, il se voit confier par le chef étoilé Olivier Roellinger la décoration de son restaurant à Cancale. Dans sa brigade, un jeune pâtissier talentueux, Laurent, élève déjà les madeleines au rang d'art culinaire. Les deux artistes, Fred et Laurent, font connaissance et ne se quitteront plus.

En venant travailler sur la décoration du Crocodile, Fred a un coup de cœur pour Strasbourg. Encouragé par la restauratrice Monique Jung et le pâtissier Christian Meyer, le binôme décide d'ouvrir un lieu d'exception en 1999, bien au-delà d'un salon de thé. Ici, on y vit un moment, une expérience hors du temps. Le *tea time* ou le brunch sont particulièrement prisés et se réservent souvent 2 mois à l'avance. Vous aurez alors la chance de goûter à la poésie de Fred autant qu'aux saveurs florales et épicées de Laurent. Une simple tasse de thé accompagnée d'une madeleine vous emmène en voyage.

À vous de choisir la destination parmi le catalogue de thés soigneusement sélectionnés et la variété de madeleines. Recettes et décors changent au fil des saisons, à l'image d'une maison de haute couture. Mais ce rêve reste accessible et peut même s'emporter dans un joli écrin aux motifs d'une tapisserie anglaise. À l'intérieur, glissez-y quelques madeleines telle la Victoria au mélange fleuri et gourmand où violette poudrée et iris se marient à merveille aux notes de chocolat blanc et de guimauve.

Adresse 6 rue de la Râpe, 67000 Strasbourg | **Transports en commun** Tram A/D, arrêt Langstross – Grand'Rue, aller ensuite vers la cathédrale et traverser la place du Château | **Horaires d'ouverture** Du mercredi au vendredi de 9 h 30 à 13 h et de 14 h 30 à 18 h 30, du samedi au dimanche de 9 h 30 à 16 h et de 16 h 30 à 18 h 30 | **À savoir** Lorsqu'il fait beau, une jolie terrasse est aménagée à la manière d'un jardin anglais avec vue sur la cathédrale.

9 Bastion 14

Transmissions artistiques

Au lendemain de la guerre franco-prussienne, Strasbourg fut protégée par une importante ceinture de 19 forts. Derrière la gare, de nombreux ouvrages, miraculeusement protégés de l'urbanisation, témoignent encore de cette époque. La plupart ont été occupés par l'armée française avant d'être libérés à la vie publique. La *Kriegstor II* permet ainsi aujourd'hui aux Strasbourgeois d'accéder au parc des Glacis. D'autres ont connu une transformation bien plus originale, comme le Bastion 14.

Lorsque le 43e régiment de transmissions ferma son centre en 2003, la communauté urbaine sauta sur l'occasion et racheta les lieux. Assez naturellement vint l'idée de transformer ces vastes locaux en ateliers d'artistes. Il est en effet difficile pour eux d'en trouver en ville et les loyers s'envolent bien souvent. Les lieux sont donc transformés assez rapidement pour créer une vingtaine d'ateliers de 70 à 130 mètres carrés et accueillir, après appel à candidatures, une cinquantaine d'artistes plasticiens professionnels pour une durée de 2 ans reconductibles.

De l'extérieur, rien ne semble pourtant indiquer que l'art bouillonne derrière le grès rose de cet imposant bâtiment militaire. Seuls un bloc de granit ou quelques installations dans la cour peuvent vous éclairer. Elle fait partie de l'espace de travail, notamment pour décharger, stocker, ou travailler la matière. À l'intérieur, le bastion est presque dans son jus : la peinture est un peu défraîchie et le carrelage des sanitaires date des années 70. Mais les bastionnais et les bastionnaises, nom donné aux résidents, s'en accommodent parfaitement. Cet esprit encourage même la créativité et la pratique artistique.

Ce lieu de travail ouvre ses portes deux week-ends par an au public à l'occasion des ateliers ouverts. Il prend alors une dimension festive tout en permettant de renforcer la connaissance du site et de ses occupants.

Adresse Rue des Remparts, 67000 Strasbourg | **Transports en commun** Tram C, arrêt Gare-Centrale ; Bus 2/6/10, arrêt Wilson | **Horaires d'ouverture** Ouvert au public uniquement en mai lors des ateliers ouverts | **À savoir** Dans le quartier de la Coop, de nouveaux ateliers ont vu le jour à La Virgule pour accueillir des artistes indépendants et des structures créatives.

10 La BNU

Les trésors cachés de la bibliothèque

La bibliothèque municipale de Strasbourg a pendant longtemps abrité l'une des plus riches collections d'Europe. Les bombardements prussiens la réduisirent malheureusement en cendres en 1870. Près de 7 000 incunables, ces livres imprimés avant 1500, disparurent avec tant d'autres documents de valeur – une perte inestimable qui suscita l'émoi dans toute l'Europe. Un appel aux dons fut rapidement lancé en Allemagne et rencontra un vif succès dans le monde entier. Réinstallée dans le palais Rohan, la bibliothèque comptait à nouveau plus de 200 000 volumes dès 1872 et manqua rapidement de place ; décision fut prise de construire un nouveau bâtiment dans la Neustadt, le long de l'axe impérial.

La nouvelle bibliothèque du *Reichsland* d'Alsace-Lorraine est inaugurée en novembre 1895. Elle est dotée de moyens conséquents qui lui permettent notamment de se constituer des fonds importants de papyrus et d'ostraca. Avant la Première Guerre mondiale, la bibliothèque de Strasbourg est la troisième plus importante d'Allemagne. À la fin du conflit, elle est rattachée directement à l'État français, qui tente dans les années 50 de gommer l'aspect wilhelmien du bâtiment et de le rendre plus fonctionnel en y ajoutant des salles de lecture.

La BNU connaît ensuite une transformation majeure entre 2010 et 2014. L'architecte Nicolas Michelin réussit le tour de force de mêler histoire et modernité. Les façades classées sont conservées, mais les espaces intérieurs sont complètement repensés autour de cet escalier monumental. La bibliothèque est aujourd'hui l'une des trois plus grandes de France. Son impressionnante collection de papyrus, de pièces de monnaie antiques et d'incunables est ouverte au public chaque semaine lors de visites guidées. Parmi ses trésors cachés figurent une pièce du roi Crésus, un manuscrit en arabe du Xe siècle ou encore l'unique manuscrit rescapé de l'incendie de 1870.

Adresse 6 place de la République, 67000 Strasbourg | Transports en commun Tram B/C/E/F, arrêt République | Horaires d'ouverture Du lundi au samedi de 10 h à 22 h, le dimanche de 14 h à 22 h. Visites guidées les mardis soir et samedis matin (agenda sur www.bnu.fr) | À savoir La BNU organise des expositions temporaires à partir de ses fonds et d'objets prêtés par des musées, le Louvre notamment. Elles sont librement accessibles au 1er étage.

11 Le bonnet de la cathédrale

Une idée révolutionnaire

Avec ses 142 mètres de hauteur, la cathédrale de Strasbourg a longtemps été la plus haute construction humaine dans le monde – du moins à partir de 1439 lorsqu'elle fut terminée par Jean Hültz, et jusqu'en 1874 lorsqu'elle est détrônée par l'église Saint-Nicolas de Hambourg. Quand la Révolution française éclata, la cathédrale devint un temple de la Raison, lieu de culte national athée où les figures à connotation religieuse étaient proscrites. 235 statues furent détruites à partir du 25 novembre 1793. C'est ensuite la flèche de la cathédrale, dont la hauteur « injuriait l'égalité », qui fut pointée du doigt. En avril 1794, un conseil municipal particulièrement agité demanda sa démolition. Jean-Michel Sultzer, officier municipal et maître serrurier, s'y opposa et, pour apaiser les esprits, proposa une solution beaucoup plus originale.

En effet, il soumit l'idée de coiffer la flèche d'un bonnet phrygien et de se servir de sa hauteur magistrale pour porter les idéaux de la Révolution jusqu'en Allemagne. L'idée est adoptée et le 13 juin 1794, un bonnet phrygien en tôle est installé sur la flèche de la cathédrale. Peint en rouge et haut de plus de 10 mètres, le symbole révolutionnaire était visible à 10 lieues à la ronde (environ 50 kilomètres). Il resta en place jusqu'en 1802, date à laquelle il fut démonté pour être précieusement conservé à la bibliothèque municipale. Malheureusement, les bombardements prussiens de 1870 réduisent la bibliothèque en cendres, emportant de la même façon notre bonnet phrygien.

Il en reste toutefois un souvenir sur la place de la Cathédrale. À l'angle du magasin d'antiquités Bastian, une belle enseigne en fer nous le rappelle. L'endroit n'a pas été choisi au hasard puisqu'il s'agit de l'immeuble où Jean-Michel Sultzer résidait. Au-dessus de l'enseigne, on retrouve d'ailleurs sa tête sculptée en bronze, tournée vers cette flèche qu'il a permis de sauver.

Adresse 24 place de la Cathédrale, 67000 Strasbourg | Transports en commun Tram A/D, arrêt Langstross – Grand'Rue | À savoir Lors de la libération en 1944, la flèche porta un drapeau tricolore confectionné à la hâte par une bouchère à partir de sa jupe bleue, d'un vieux drap blanc et d'un morceau du drapeau nazi pour le rouge.

12 La boutique 1138

Éphémère et fait main

Depuis le Moyen Âge, la rue Mercière s'anime au rythme des passants et des commerçants. Après tout, l'emplacement face à la cathédrale majestueuse est idéal. De part et d'autre de la chaussée, les boutiques d'artisans ont peu à peu laissé place à des commerces de bouche ou à de grandes enseignes. Le dernier bâtiment de la rue était occupé jusqu'en l'an 2000 par la pharmacie du Cerf, remplacée en 2002 par la boutique culture. Cette dernière est partie s'installer en 2019 quelques mètres plus loin dans le 5e Lieu, un espace dédié au patrimoine, à l'architecture et à la vie culturelle strasbourgeoise. Quelle boutique pouvait bien la remplacer ?

Soucieuse de favoriser la diversité commerciale, la ville de Strasbourg, propriétaire du lieu, y a installé un concept original de boutique éphémère – chaque artisan peut occuper le lieu pendant une durée définie puis doit laisser la place à un nouvel occupant –, qui entend valoriser les savoir-faire remarquables et l'artisanat d'excellence. Son nom est un joli clin d'œil à la cathédrale voisine, et plus particulièrement au fameux rayon vert qui perce ses vitraux à 11 h 38 lors de l'équinoxe de printemps. Après un appel à projets, Alsatrucs a été choisi pour être le premier occupant de la boutique 1138 pendant un an. La marque, créée en 2012 à l'initiative de la Fédération régionale des métiers d'art d'Alsace et de son vice-président, Damien Lacourt, compte sur cet emplacement de choix pour se faire connaître et tester l'intérêt de s'installer en centre-ville. Sa gamme originale d'objets entièrement créés et réalisés par des artisans alsaciens trouve ici une formidable vitrine. Sous les voûtes ornées de sculptures gothiques et les fresques de Léo Schnug se côtoient un bretzel à bascule, une planche à découper gravée du motif de la rosace de la cathédrale ou encore des suspensions avec des animaux typiques de la région, souvent éclipsés par la cigogne. Selon le principe, la boutique restera un an, puis d'autres artisans prendront possession de ce lieu étonnant.

Adresse 10 place de la Cathédrale, 67000 Strasbourg | Transports en commun Tram A/D, arrêt Langstross – Grand'Rue | Horaires d'ouverture À consulter sur place car variable en fonction du commerçant | À savoir Alsatrucs tient chaque année un stand au marché de Noël, place Broglie, et au salon « Résonance[s] ». Elle possède également une boutique en ligne permanente sur alsatrucs.com.

13 La Boutique du Gourmet

Du foie gras à la table du roi

Quel produit est un incontournable des repas de fête ? Huit Français sur dix vous répondront le foie gras. Souvent associé au Sud-Ouest, ce produit phare de la gastronomie française a pourtant gagné ses lettres de noblesse à Strasbourg vers la fin du XVIIIe siècle. À cette époque, les oies constituent une alimentation de premier choix dans les fermes alsaciennes. On en consomme la viande bien évidemment, mais aussi sa graisse bon marché et son foie gras.

À Strasbourg, le maréchal de Contades, gouverneur militaire de l'Alsace, est un fin gourmet et connu pour ses réceptions fastueuses. En 1778, un jeune cuisinier lorrain entre à son service. Le maréchal lui lance le défi de créer un plat unique, alliance des meilleurs produits et de l'art de cuisiner ici « à la française ». Jean-Pierre Clause imagine un pâté en croûte tapissé de farce de veau et de lard hachés finement et garni en son centre d'un foie gras entier. Le plat fait sensation. Dans son ouvrage *Physiologie du goût*, le célèbre critique gastronomique Brillat-Savarin écrit à son sujet qu'il est « le feu du désir, l'extase de la jouissance, le repos parfait de la béatitude ». Présenté au roi Louis XVI, le plat rencontre là aussi un franc succès. Jean-Pierre Clause s'installe peu après à son compte et on vient de loin pour goûter à son fameux pâté de foie gras de Strasbourg.

Dans son sillon, plusieurs maisons de foie gras ouvrent dans la ville. En 1874, on en recense plus de 40, dont celle de Georges Bruck, fondée en 1852. Aujourd'hui, l'entreprise familiale est l'une des dernières héritières de cette recette prestigieuse. Dans ses ateliers derrière les Halles, on continue à préparer le foie gras selon les méthodes traditionnelles. Ce produit exceptionnel est ensuite exporté dans le monde entier ou vendu directement dans sa boutique rue des Orfèvres. Difficile de la manquer avec son enseigne à l'oie dorée.

Adresse 26 rue des Orfèvres, 67000 Strasbourg | Transports en commun Tram A/D, arrêt Langstross – Grand'Rue | Horaires d'ouverture Du mardi au samedi de 9 h 30 à 12 h 30 et du lundi au samedi de 14 h à 19 h | À savoir Le traditionnel pâté de foie gras en croûte est préparé sur demande. La boutique propose une sélection de foies gras prêts à déguster : truffés, frais, mi-cuits, en conserve ou encore cuits au torchon.

14_La brasserie Perle

Une culture qui vient de loin

Pschitt. Tout juste décapsulée, une bière Perle remplit élégamment le verre. Ses fines bulles remontent le long de la paroi, telles de petites perles gazeuses – ce sont elles qui ont inspiré le fondateur, Pierre Hoeffel, pour le nom de sa bière. Créée en 1882 du côté de Schiltigheim, la brasserie est reprise en 1919 par Charles Kleinknecht qui la développe et en fait l'une des plus réputées et importantes d'Alsace. Elle rejoindra ensuite le groupement de l'Alsacienne de brasserie en 1969, mais disparaîtra finalement deux ans plus tard.

La marque est restée très présente dans l'esprit des Alsaciens et a suscité des vocations. La passion de la bière, c'est en quelque sorte l'héritage que Pierre Hoeffel a laissé à son arrière-arrière-petit-fils Christian Artzner qui a découvert progressivement l'importance et l'histoire de l'entreprise familiale. L'Alsacien est parti apprendre le métier de brasseur à Édimbourg en 1999 puis a sillonné le monde pour parfaire ses connaissances, notamment au Nigéria et aux États-Unis. De quoi emmagasiner de l'expérience, s'ouvrir l'esprit et baigner dans une culture entrepreneuriale dynamique. Il rentre en France en 2008 avec l'envie de se lancer.

Christian Artzner a fait renaître la brasserie Perle en 2009. Un gros défi dans un paysage alsacien dominé par quatre ténors de l'industrie et avec une conjoncture difficile. Pragmatique, le brasseur ira d'abord concevoir et fabriquer sa bière en Allemagne avant d'investir dans ses propres outils de production en 2015. Installée à la Meinau, la brasserie artisanale sort aujourd'hui 4 500 hectolitres par an et a su se faire une place sur le marché avec une très belle gamme permanente de six bières, complétée par des productions saisonnières et pour le moins originales. On retrouve ainsi une rafraîchissante blanche à la menthe, une rousse à la vanille de Tahiti ou encore une bière au jus de raisin d'Alsace. Vous pourrez les déguster à l'issue de la visite de la brasserie ou directement à la boutique.

Adresse 11 rue de l'Ardèche, 67100 Strasbourg | **Transports en commun** Tram A, arrêt Émile-Mathis | **Horaires d'ouverture** Jeudi et vendredi de 9 h à 12 h et de 14 h à 18 h ; samedi de 10 h à 13 h. Visite de la brasserie sur rendez-vous | **À savoir** On peut acheter la bière Perle dans l'incontournable Village de la Bière rue des Frères ou la déguster avec une tarte flambée dans les Binchstub de Broglie et du marché Gayot.

15 La brasserie WOW

Serez-vous surpris ?

Dans la rue du Jeu-des-Enfants, WOW est une brasserie pas comme les autres, puisqu'elle vous ouvre littéralement son cœur pour vous plonger dans un endroit où l'art de la rue a complètement investi les murs, des salles aux toilettes. Chaque pièce met à l'honneur un street-artiste différent et présente son travail – vous tenez alors l'explication du nom du restaurant : WOW signifie *Works on Wall,* « œuvres sur les murs » en français.

La salle qui fait l'angle et qui donne sur les rues offre un cadre à la fois doux et chaleureux avec ses jolies chaises et tables en bois. Au mur, la peinture gris poudré est rehaussée par une fresque signée KURAR, où des petits chevaux de bois s'échappent d'un carrousel. La petite salle à l'arrière semble offrir plus d'intimité avec ses banquettes et fauteuils confortables. Pourtant, vous avez le sentiment d'être observé de tous les côtés. Au mur déjà, par les regards très colorés d'Alber, mais aussi à cause des poteaux surmontés d'un œil, signature de l'artiste CyKlop. Les toilettes ne sont pas en reste : Dan23, Sven et Missy ont largement décoré leurs murs.

Au cœur de l'établissement, le bar offre une belle sélection de vins, de bières pression allant de l'archi-locale (Bendorf, Perle, Storig) à une plus dépaysante australienne, et de jus de fruits frais et vitaminés à l'extracteur. À l'arrière, le mur sert de support éphémère pour mettre en lumière un artiste ou une exposition différente qui se retrouve jusque sous l'assiette. Dans l'assiette justement, on retrouve les classiques de la cuisine française dans un esprit bistronomie avec tartare de bœuf, salade César ou encore cabillaud et sa polenta. La cuisine faite maison est toutefois colorée, agrémentée de légumes de saison et composée au maximum de produits locaux. Lorsqu'il fait beau, la terrasse dans la rue la plus colorée de Strasbourg est particulièrement agréable pour boire une bière ou déguster le plat du jour.

Adresse 32 rue du Jeu-des-Enfants, 67000 Strasbourg | Transports en commun Tram B/F, arrêt Alt-Winmärik | Horaires d'ouverture Du lundi au samedi, de 10 h à 1 h | À savoir Dans le même esprit, l'hôtel Graffalgar, près de la gare, a laissé carte blanche à des street-artistes pour décorer ses chambres.

16 Le Buerehiesel

De la grande exposition à la grande restauration

En 1895, Strasbourg accueille l'Exposition industrielle et artisanale dans le parc de l'Orangerie. Ce rendez-vous international majeur est un faire-valoir moderne pour la capitale du *Reichsland* d'Alsace-Lorraine. Strasbourgeois et visiteurs du monde entier y découvrent les dernières innovations et le savoir-faire des industriels alsaciens, du pays de Bade, du Palatinat et de Hesse. À cette occasion, le parc est agrandi et aménagé. Un lac y est creusé, accompagné d'une cascade. Plusieurs pavillons en bois et bâtiments d'exposition ou de restauration sont construits en quelques mois sur une surface de près de 25 000 mètres carrés. Un grand restaurant avec une salle des fêtes accueillait les visiteurs à la place de l'actuel bowling. Devenu vétuste faute d'entretien, il est malheureusement rasé en 1961.

L'exposition est un véritable succès, largement relayé par les cartes commémoratives qui marquent alors l'essor de la carte postale en Alsace. Mais le principal tour de force de l'événement est sans doute sa maison paysanne. Les organisateurs ont fait l'acquisition pour 7 500 marks d'une vieille ferme alsacienne datée de 1607 qui se trouvait à Molsheim. Elle a été démontée pièce par pièce puis transportée à Strasbourg pour être remontée dans le parc de l'Orangerie et servir, à l'origine, de maison d'habitation au jardinier-chef.

Cette maison existe toujours comme seul vestige de la grande exposition. Charmés par les lieux, Viviane et Antoine Westermann y installèrent leur restaurant en 1970. Le Buerehiesel devint progressivement l'un des restaurants les plus prestigieux d'Alsace, récompensé de trois étoiles par le *Guide Michelin* en 1994. Leur fils Éric a repris le flambeau en 2001 et perpétue la tradition d'excellence gastronomique avec notamment son plat signature : des cuisses de grenouille poêlées au cerfeuil, accompagnées de schniederspaetle dans ce magnifique décor.

Adresse 4 parc de l'Orangerie, 67000 Strasbourg | Transports en commun Tram E, arrêt Droits-de-l'Homme ; Bus 72/L6, arrêt Orangerie | Horaires d'ouverture Du mardi midi de 12 h à 13 h 30 au samedi soir de 19 h 30 à 21 h 30 | À savoir Entre le restaurant et le pavillon Joséphine, vous croiserez Gänseliesel, la statue d'une jeune Alsacienne revenant du marché, le panier rempli de légumes qu'une oie cherche à lui voler.

17 La cabane à livres

Les livres en liberté

Les livres « sont des portes ouvertes sur d'autres âmes et d'autres peuples » disait l'académicien André Maurois. Dans le quartier de l'Orangerie, une bibliothèque pas comme les autres, située à l'angle de la rue François-Xavier-Richter et du boulevard de l'Orangerie, ouvre élégamment des portes à l'entrée du parc. Presque un millier d'ouvrages sont mis à disposition gratuitement et en libre-service depuis 2011 à l'initiative du conseil de quartier avec le soutien de la ville. On y retrouve une collection assez hétéroclite, à l'image des habitués du lieu : des romans, des polars, des revues scientifiques ou des livres pour enfants, en français, en allemand ou en anglais. Les promeneurs peuvent ainsi s'évader quelques instants, le nez dans un bouquin, assis sur un banc face au lac ou allongés dans l'herbe du parc. Ils peuvent aussi les emporter, dans la limite de cinq livres maximum et un seul pour les livres jeunesse.

Le concept est inspiré de la *Little Free Library,* née en 2009 dans le Wisconsin, aux États-Unis. L'objectif est d'inspirer l'amour de la lecture, de bâtir une communauté et de stimuler la créativité en favorisant les échanges de livres de quartier à travers le monde. À l'Orangerie, c'est l'ADIQ, Association de défense des intérêts des quartiers centre-est, qui se charge de la gestion de cette jolie cabane et de son contenu.

Si l'initiative est belle, elle a malheureusement failli disparaître par deux fois, réduite en cendres en 2012 puis à nouveau en 2015 par deux incendies criminels. À chaque fois les bénévoles se sont mobilisés pour la reconstruire. La dernière en date a été inaugurée le 30 avril 2016. La jolie petite maisonnette à colombage est le fruit du travail d'une équipe de Compagnons du Devoir qui signent ici une construction simple et très soignée. Si les livres restent en liberté, la cabane est, quant à elle, désormais placée sous vidéosurveillance.

Adresse Parc de l'Orangerie, au croisement du boulevard de l'Orangerie et de la rue Richter, 67000 Strasbourg | **Transports en commun** Bus 15/L1, arrêt Quartier-des-Quinze | **Horaires d'ouverture** D'avril à octobre 7 j/7 et 24 h/24 | **À savoir** En été, les médiathèques de la ville et l'Eurométropole de Strasbourg font sortir les livres de leurs rayons avec un bus itinérant et des triporteurs à la piscine du Wacken et au parc de la Citadelle.

18_Café Brant

Voyage à Vienne

En Autriche, le café viennois est une véritable institution. Elle « ne peut être comparée à aucune autre au monde » écrivait Stefan Zweig dans *Le Monde d'hier. Souvenirs d'un Européen* – ses mémoires dans lesquels il raconte sa jeunesse dans la capitale autrichienne. Cette culture des cafés viennois (*Wiener Kaffeehauskultur*) a même été élevée au rang de patrimoine culturel immatériel par l'Unesco en 2011. Mais pour profiter de cette institution viennoise, nul besoin de se rendre jusqu'en Autriche.

Dans la Neustadt, le Café Brant est lui aussi une institution. Fondé en 1898, ce lieu emblématique de la vie strasbourgeoise a pourtant bien failli disparaître en 2013. Le bistrot aurait dû fermer ses portes pour rénover l'ensemble du bâtiment et laisser place à un autre type de commerce. C'était sans compter sur une mobilisation importante des habitants, tant sur le terrain qu'en ligne, pour éviter que cette adresse emblématique ne se transforme en banque ou en supérette. L'engouement encouragea Jean-Noël Dron, l'un des plus importants restaurateurs de la place strasbourgeoise, à en racheter les murs. Au prix d'importants travaux, le Café Brant renaît en 2014 dans son esprit d'origine de café viennois et se voit classé au titre des monuments historiques.

Les Strasbourgeois peuvent à présent apprécier l'intérieur superbement décoré avec des colonnes en fonte, de larges baies vitrées, un parquet et des moulures dorées. L'été, la terrasse sous les platanes est particulièrement prisée du fait de sa vue imprenable sur le Palais universitaire. On y vient dès le matin boire son café et lire son journal selon la fidèle tradition viennoise. Ou on choisira le croissant et la baguette pour un petit-déjeuner français plus local. La brasserie, avec son tartare au couteau ou ses bouchées à la reine, est également très appréciée pour le déjeuner. Les mercredis soir, le café s'anime grâce à des spectacles musicaux et humoristiques.

Adresse 11 place de l'Université, 67000 Strasbourg | **Transports en commun** Tram C/E/F, arrêt Gallia | **Horaires d'ouverture** Tous les jours de 7 h à 20 h, le samedi et dimanche jusqu'à 19 h, le dimanche à partir de 8 h | **À savoir** Le nom du café rend hommage à Sébastien Brant. L'écrivain strasbourgeois est l'une des figures de proue de l'humanisme rhénan.

19 Les canons de la place Broglie

Royal canon

Sur la place Broglie, les canons accrochés aux murs du cercle mess ne tonnent plus. Mais on s'étonne de leur présence. Fabriqués entre 1710 et 1862, ces 11 tubes ont connu Louis XIV, Louis XV et Napoléon. Ils sont de précieux vestiges de la fonderie de canons anciennement installée ici et qui était renommée dans toute l'Europe. Cette longue tradition remonte au temps de la bataille de Hausbergen au cours de laquelle Strasbourg se battit pour son indépendance et son droit d'existence avant d'accéder au statut de ville libre en 1262. Dès lors, la cité fabrique des armes. D'abord des arbalètes puis des armes à feu qui sont rapidement très réputées. Les canons strasbourgeois défendirent la ville à de nombreuses reprises comme en 1552, où l'arme baptisée *Meise* (« mésange » en alsacien) permit de repousser le roi de France Henri II sur la colline de Hausbergen. Les armes sont également utilisées pour venir en aide aux alliés de la ville, notamment en 1477 à Nancy, où le duc de Lorraine fait face à Charles le Téméraire.

Les maîtres d'artillerie – ou *büchsenmeister* – acquièrent une grande renommée renforcée une fois la ville devenue française. Louis XIV y fait ouvrir une école d'artillerie qui devient l'une des plus réputées. La fonderie strasbourgeoise accède ainsi au rang de fonderie royale. Si elle perd son indépendance, elle gagne toutefois un rôle central dans l'armée française grâce à la qualité de sa production et à ses innovations.

En 1740, Maritz y invente une nouvelle technique pour forer les canons à fût plein, permettant ainsi d'améliorer la précision de tir. Vingt ans plus tard, Dartein met en place une technique de rationalisation de la fabrication et de l'utilisation des canons grâce à des pièces interchangeables et l'utilisation de boulets. Cela permit à l'artillerie française d'être la première du monde pendant un demi-siècle.

Adresse 17 place Broglie, 67000 Strasbourg | Transports en commun Tram B/C/F, arrêt Broglie | À savoir Le théâtre du Cercle des officiers a accueilli pendant près de 40 ans le cabaret satirique alsacien Le Barabli de Germain Muller et Raymond Vogel.

20 La capitainerie

À bon port

Telle une cathédrale fluviale, la capitainerie s'élève sur le Port autonome de Strasbourg avec sa tour gardienne du temps car flanquée de quatre horloges, chacune en direction d'un point cardinal. L'édifice de style néogothique tranche avec les bâtiments industriels de la zone. Il est l'œuvre de Johann-Karl Ott, architecte en chef de la ville de Strasbourg, et de Gustave Oberthür qui réalisent ce bâtiment en 1899 pour accompagner la construction d'un grand port fluvial sur la rive strasbourgeoise du Rhin.

Les activités portuaires de la ville ne sont pourtant pas récentes. Un port existait à Strasbourg depuis le Moyen Âge, situé près de l'Ancienne Douane, non loin de la corporation des bateliers et de leur quartier de la Krutenau. Au XIXe siècle, le port s'ouvre vers le marché français avec la canalisation du Rhin, ce qui engage ainsi sa mutation. Il se déplace donc vers le fleuve, d'abord près de l'hôpital civil en 1882 puis vers le bassin d'Austerlitz 10 ans plus tard avant de s'établir définitivement en face de Kehl entre 1899 et 1901.

Installé sur 1 060 hectares dont 200 de bassins, le port de Strasbourg est aujourd'hui une véritable ville dans la ville. Il s'étend sur 10 kilomètres de long et marque ses frontières avec une signalétique particulière et ses conteneurs bleus siglés PAS (Port autonome de Strasbourg). Cette structure, codétenue par l'État et la ville de Strasbourg, gère aujourd'hui les activités d'un port fluvial en plein développement, le 2e de France après celui de Paris. Presque huit millions de tonnes de marchandises transitent ici chaque année, principalement des matériaux de construction, des céréales et des hydrocarbures. Le port accueille aussi des passagers avec plus de 220 000 croisiéristes qui accostent sur ses quais chaque année, sans compter les près de 800 000 passagers de sa filiale Batorama, première attraction touristique payante du Grand Est. Les célèbres bateaux-mouches organisent d'ailleurs des visites spéciales pour découvrir le port.

Adresse 5 rue du Port-du-Rhin, 67100 Strasbourg | **Transports en commun** Bus 2, arrêt Capitainerie | **À savoir** Comme un symbole, le siège du Port autonome va aussi quitter la rue de la Nuée-Bleue, qui l'accueille depuis près d'un siècle, pour s'installer à côté de l'ancienne capitainerie. Le nouveau bâtiment est un joli clin d'œil architectural aux montagnes de conteneurs entreposés à côté.

21_Captain Bretzel

Avez-vous l'âme d'un moussaillon

Strasbourg est une véritable ville d'eau, bordée par le Rhin et traversée par l'Ill et ses nombreux canaux. L'activité portuaire est foisonnante bien que discrète, à l'écart de la ville, mais Batorama fait figure d'exception avec ses visites commentées. De plus, depuis 2018, les petits bateaux électriques de Captain Bretzel animent les bassins autour de l'écoquartier Danube. À l'ombre de la tour Elithis, le ponton aménagé par cette entreprise régionale et familiale prend des airs de marina.

À la barre de l'un de leurs 14 bateaux, pouvant accueillir 5 à 11 personnes, on se prend pour un matelot. La démarche est autant écoresponsable qu'originale. Aucun permis n'est nécessaire, tant que l'on reste dans les zones autorisées. Plusieurs circuits sont proposés pour découvrir Strasbourg au fil de l'eau en fonction de la durée souhaitée. En une heure, on peut se laisser porter le long de la presqu'île Malraux jusqu'aux portes du Heyritz, ou bien choisir d'aller jusqu'à la féerique église orthodoxe russe. En deux heures, la croisière peut prendre une dimension internationale et vous emmener jusqu'au Parlement européen. En trois heures, vous pénétrez en plein cœur du quartier insulaire jusqu'à l'église Saint-Guillaume. Sur une demi-journée ou une journée, vous naviguez jusqu'à Ostwald, où l'Ill et ses abords deviennent plus sauvages. Et si vous n'avez pas l'âme d'un capitaine ou que vous souhaitez vous offrir une traversée de la Petite France, Captain Bretzel vous propose les services d'un skipper.

De retour à la base, la terrasse est une invitation à la détente au bord de l'eau. À la belle saison, le port s'agrémente d'un bar à huîtres bienvenu. En hiver, il prend des airs beaucoup plus insolites de banquise. Bien au chaud sous l'un des trois igloos, on peut alors déguster une délicieuse fondue savoyarde aux quatre fromages, suivie d'une fondue au chocolat avec ses fruits frais. À quand le retour de pêche ?

Adresse Quai du Bassin-Dusuzeau, au pied de la tour Elithis Danube, 67000 Strasbourg | **Transports en commun** Tram C/E, arrêt Winston-Churchill | **Horaires d'ouverture** Du lundi au dimanche de 10 h à 22 h | **À savoir** À quelques pas de là, la presqu'île Malraux se transforme en véritable plage en été avec l'opération Docks d'été. Au programme : du sable, des jeux pour les enfants et une base nautique avec kayaks, barques et pédalos.

22 La cave des Hospices de Strasbourg

Le plus vieux vin blanc du monde

Au cœur de l'hôpital civil se cache un lieu resté longtemps secret et réservé à son personnel : une cave à vin ! C'est en 1395 qu'est posée la première pierre de ce nouvel hôpital, construit hors de l'enceinte de la ville afin d'isoler les malades. À cette époque, seule une petite partie d'entre eux était capable de payer les soins. Les autres payaient avec ce qu'ils avaient : parfois avec leur vin ou leurs vignes. L'hôpital civil s'est ainsi constitué un patrimoine conséquent jusqu'à devenir, encore aujourd'hui, le plus important propriétaire foncier d'Alsace, capable de vivre en parfaite autonomie. À l'hôpital, on pouvait ainsi mourir de tout, sauf de faim ou de soif !

La thérapie par le vin occupait par ailleurs une place importante. Les patients pouvaient recevoir jusqu'à 2 litres de vin par jour et par personne. Le saint breuvage était produit par les moines et conservé dans la cave historique. Certains ont traversé les siècles et ont survécu à l'incendie de l'hôpital en 1716.

Au fond de la cave, protégés derrière leur grille, trois foudres datant de 1472, 1519 et 1525 constituent le trésor de l'hôpital. Le plus ancien contient fièrement le plus vieux vin blanc du monde en tonneau et n'a été dégusté qu'à trois occasions : en 1576 avec les alliés zurichois lors de la *Hirsebreifahrt*, en 1718 avec la reconstruction de l'hôpital, puis en 1944 par le général Leclerc à la libération de Strasbourg. Il arbore aujourd'hui encore une belle robe ambrée et dégage un parfum complexe et mémorable. Le caractère boisé d'un vieux vin se mêle aux effluves frais et acidulés d'un vin jeune.

De son côté, la cave aurait pu se transformer en simple réserve de la pharmacie. Elle a toutefois été sauvée en 1995 par son responsable, Philippe Junger, aidé par l'œnologue Pierre Spach et 37 familles de vignerons alsaciens qui y élèvent aujourd'hui encore leur meilleur vin.

Adresse 1 place de l'Hôpital, 67000 Strasbourg | Transports en commun Tram A/D, arrêt Porte-de-l'Hôpital. Il faut passer sous la tour puis pénétrer à droite dans l'enceinte de l'hôpital | Horaires d'ouverture Du lundi au vendredi de 8 h 30 à 12 h et de 13 h 30 à 17 h 30, le samedi de 9 h à 12 h 30 | À savoir La boutique est accessible au public et permet d'acheter du vin d'Alsace des Hospices ou d'autres vins issus de domaines publics. La visite de la cave est libre et gratuite. Elle peut s'accompagner en option d'un audioguide en 9 langues.

23 Le caveau du futur

Enterrés pour 1 795 ans

Des milliers de passants foulent chaque jour la place du Château – ils s'y arrêtent parfois pour contempler la cathédrale, écouter de la musique ou jouer au ballon. Sous leurs pieds se trouve une partie de l'histoire de la ville. Des fouilles entreprises ici en 2012 ont en effet révélé des peintures romaines, des poteries médiévales et des fragments de vitraux de la cathédrale ; quelques vestiges laissés par nos ancêtres. Mais que laisserons-nous à notre tour ?

À cet endroit, nos descendants pourront trouver des plats gastronomiques sous vide, un ordinateur ou encore de nombreuses lettres de Strasbourgeois et de touristes de passage. Ces témoignages ont été laissés là pour les archéologues du futur qui devront attendre le 23 septembre 3790 pour les découvrir, comme demandé sur la plaque en bronze incrustée dans le sol. En dessous se trouvent 12 fûts contenant des objets de la fin du XXe siècle, recouverts de sable et scellés par 17 mètres cubes de béton, coulé le 23 septembre 1995. De quoi leur permettre de traverser les siècles !

Ce caveau hermétique devenu capsule temporelle est l'idée de l'artiste alsacien Raymond Waydelich, inspiré par l'exposition « Mutarotnegra » du Musée archéologique et dont le nom est un clin d'œil inversé au nom latin de Strasbourg, *Argentoratum*. L'artiste s'est passionné dès son plus jeune âge pour ces vestiges de l'histoire qui nous sont parvenus. « Quand je vois ce que l'on peut déduire et écrire à partir de trois tessons de poterie antique ou d'une seule dent préhistorique trouvée au fond d'un trou, je me dis que tout ce que nous savons de notre passé, de notre vie, a un jour été déterré. Des grottes de Lascaux aux musées archéologiques, tout vient des trous », expliquait-il à l'époque.

Qu'en déduiront nos descendants en découvrant un pack de bière alsacienne ou un ballon de foot qui a servi à l'entraînement du Racing Club de Strasbourg ?

Adresse Place du Château, 67000 Strasbourg | **Transports en commun** Tram A/D, arrêt Langstross – Grand'Rue | **À savoir** Les blocs de grès rose environnants comportent des informations historiques et pratiques pour guider les passants. Ils ont été réalisés par les tailleurs de l'Œuvre Notre-Dame en hommage aux bâtisseurs de la cathédrale.

24 Le CEAAC

À la rencontre de l'art contemporain

À Strasbourg, il nous arrive parfois de faire d'étonnantes rencontres. Devant le siège de la chaîne de télévision Arte, on peut ainsi croiser un étrange homme-girafe. Sur la pittoresque place du Marché-Gayot, une pierre de métal semble être tout juste tombée du ciel. Au Neudorf, ce sont des porte-voix accrochés à la pergola de la place du Marché qui interpellent le regard et les oreilles. L'art contemporain semble ainsi avoir envahi l'espace public, bien loin des musées où il est bien souvent cantonné. Il se fait même parfois itinérant, comme entre 2008 et 2009, lorsqu'une pièce d'échec de 3 mètres de hauteur se « promenait » dans la ville en suivant une diagonale rouge.

Ces installations dans l'espace public sont à l'initiative du Centre européen d'actions artistiques et contemporaines (CEAAC), une association fondée en 1987 dans le but de soutenir la création et la diffusion de l'art contemporain. Dans son magnifique centre d'art de la Krutenau, elle accueille également depuis 1995 des expositions et des artistes étrangers, invités en résidence dans le cadre d'un programme d'échanges internationaux.

Rien que le bâtiment vaut le détour. Si la façade côté rue est assez quelconque, jetez un œil dans la cour pour admirer le joli bâtiment en briques rouges percé de grandes verrières. Construit en 1902 dans un style Art nouveau, il abritait autrefois un magasin de verrerie et de porcelaine de l'entreprise Neunreiter. On retrouve d'ailleurs le nom sculpté sur le portail Art nouveau. À l'intérieur, l'entrée est joliment carrelée. La vaste salle d'exposition s'ouvre sur deux niveaux, soutenus par des piliers métalliques. Elle a su préserver son décor original et floral peint par Adolf Zilly. À l'étage, on découvre l'espace international dédié aux artistes lauréats des programmes de résidence du CEAAC. Amusez-vous à regarder les détails amusants, même par la fenêtre.

Adresse 7 rue de l'Abreuvoir, 67000 Strasbourg | Transports en commun Bus 15/30, arrêt Cité-Administrative ; Tram C/E/F, arrêt Université, via la rue Edmond-Labbé | Horaires d'ouverture Entrée libre du mercredi au dimanche de 14 h à 18 h | À savoir Le CEAAC a créé une route de l'art contemporain en Alsace, constituée de nombreuses installations dans l'espace public et dont le point de départ est le parc de Pourtalès à Strasbourg.

25 La Chambre

Sortir la photo du noir

« Une image vaut mille mots. » Cette célèbre citation prêtée à Confucius n'a jamais été autant d'actualité avec la démocratisation de la photographie qui se consomme, se capture et se partage du bout des doigts. Support universel par excellence, elle est capable de raconter une histoire quel que soit l'âge, la langue ou la culture du spectateur. Elle a aussi réussi à s'élever au rang d'art, à l'image du théâtre et du cinéma, grâce à des photographes de talents comme Doisneau, Cartier-Bresson ou Capa.

Au bout de la place d'Austerlitz, La Chambre réunit des passionnés qui cherchent à faire rayonner la photographie. Depuis 2010, son espace d'exposition a eu le privilège d'accueillir quelques grands noms de la photo contemporaine comme Éric Tabuchi, Arnold Odermatt ou Charles Fréger. La programmation, riche d'une dizaine d'expositions par an, met aussi à l'honneur des valeurs montantes de la scène locale, nationale ou internationale comme David Goldblatt, présenté à Strasbourg avant Beaubourg.

Au-delà de la présentation artistique, l'association œuvre à rendre la pratique de la photographie accessible au plus grand nombre. La Chambre utilise ainsi l'image comme outil de médiation auprès d'enfants, d'adolescents, de personnes qui apprennent le français, ou encore pour développer la confiance en soi. Elle propose également des ateliers pour se perfectionner ou s'initier à la photo, allant de la théorie à l'histoire en passant par la technique. La quarantaine d'étudiants y développent leur propre regard, qui est valorisé chaque année avec une exposition composée de leur projet artistique. Enfin, avec la *Kunstschule* d'Offenbourg, elle fait tomber les frontières et organise Clic-Clac, un marathon photo annuel et transfrontalier qui met au défi durant une journée des photographes de tout niveau sur des thématiques aussi variées que « le monde en mouvement » ou « la magie des choses ».

Adresse 4 place d'Austerlitz, 67000 Strasbourg | **Transports en commun** Tram A/D, arrêt Porte-de-l'Hôpital | **Horaires d'ouverture** Du mercredi au dimanche de 14 h à 19 h | **À savoir** De l'autre côté de la place, Objectif Austerlitz est de très bon conseil pour acheter, louer ou entretenir son matériel photo.

26 La chambre de Napoléon

Vestige d'un palais impérial

De tous les monuments strasbourgeois, le palais Rohan est très certainement le plus français. Construit entre 1732 et 1742 d'après les plans de Robert de Cotte, premier architecte du roi, ce chef-d'œuvre architectural s'inspire des hôtels particuliers parisiens et marque l'arrivée du goût français à Strasbourg. Très important dans l'histoire de la ville, il fut la résidence des quatre cardinaux de Rohan qui en avaient fait un lieu de passage incontournable des hôtes de marque à la frontière de la France. C'est ainsi que Louis XV y fait halte en 1744 lors de son voyage autrichien. En 1770, la jeune Marie-Antoinette entre en France par Strasbourg et séjournera au palais après le rite de la remise de l'épouse sur l'île aux Épis.

À la Révolution, la résidence est donnée à la municipalité qui en fait son hôtel de ville puis, rapidement dépassée par les frais d'entretien, l'offre à Napoléon Ier en échange de l'hôtel de Hanau, l'actuel hôtel de ville, place Broglie.

Devenu résidence impériale en 1806 au même titre que Saint-Cloud ou les Tuileries, le palais est repensé par Fontaine, grand architecte de l'Empereur, pour lui offrir le prestige digne de son rang : le rez-de-chaussée pour Napoléon, l'étage pour son épouse Joséphine. L'ancien cabinet du prince-évêque est transformé en chambre pour l'Empereur, aménagée par l'ébéniste Jacob-Desmalter. Du mobilier d'époque, seul le lit subsiste, rejoint depuis peu par une pendule au télégraphe. Le décor, quant à lui, est resté intact, des boiseries à la cheminée.

À la chute de l'Empire, le palais devient résidence royale puis est offert à Napoléon III qui n'y séjournera pas. Le bâtiment aurait pu accueillir un troisième empereur lorsque Strasbourg fut intégré à l'Empire allemand avec le prussien Guillaume II qui l'appréciait particulièrement. Mais ce palais trop français aurait fait mauvais genre. À contrecœur, il se fit construire l'actuel palais du Rhin dans le quartier allemand.

Adresse Musée des Arts décoratifs, 2 place du Château, 67000 Strasbourg | **Transports en commun** Tram A/D, arrêt Langstross – Grand'Rue | **Horaires d'ouverture** Tous les jours sauf le mardi de 10 h à 18 h | **À savoir** Le palais Rohan continue de recevoir des hôtes de marque. En 2009, il servit de lieu de rencontre aux présidents Sarkozy et Obama en marge du sommet de l'OTAN.

27 Le char « Zimmer »

Le libérateur de Strasbourg

Le 23 novembre 1944, Strasbourg était libérée par la 2e division blindée du général Leclerc. De cet épisode de l'histoire, il reste un vestige devant lequel de nombreux Strasbourgeois passent sans vraiment s'en rendre compte en allant à Kehl. Le 2 mars 1941, le colonel Leclerc remporte une bataille en plein désert libyen face aux Italiens et fait jurer à ses hommes de ne déposer leurs armes que lorsque Strasbourg sera libérée. C'est le fameux « serment de Koufra ».

Après avoir libéré Paris le 25 août 1944, Leclerc, devenu général entre-temps, et ses hommes font cap vers l'est. Le 23 novembre 1944 au matin, la 2e division blindée fonce vers Strasbourg avec l'objectif de prendre le pont de Kehl, mais les unités sont arrêtées par la ceinture des Forts, notamment devant le fort Frère à Oberhausbergen, le fort Kléber à Wolfisheim et le fort Foch à Niederhausbergen.

En milieu de matinée, le message codé « Tissu est dans iode » résonne dans les radios. L'une des colonnes, celle de Rouvillois, a réussi à entrer dans Strasbourg en passant par le nord via la nationale 63 (Mundolsheim, Bischheim, Schiltigheim) puis la place de Haguenau. La voilà maintenant face à la cathédrale. La ville est dans la brume automnale, les rues sont vides. Les soldats avancent vers le Rhin.

À l'approche de la frontière, l'armée allemande refuse de céder du terrain. Le maréchal des logis Albert Zimmer, originaire de La Wantzenau, tente une percée à bord d'un char Sherman, le *Cherbourg*. Vers le pont de Kehl, il est touché par un tir de *Panzerfaust*, un lance-grenade anti-char allemand. Albert Zimmer décède sur le coup. Entre-temps, les renforts arrivent et les troupes allemandes capitulent. Un drapeau français est confectionné à la hâte pour être hissé sur la flèche de la cathédrale. À 14 heures 30, le serment de Koufra est tenu et les armes sont déposées. Ce char honore désormais la mémoire de Zimmer et des libérateurs de Strasbourg.

Adresse 170 route du Rhin, 67000 Strasbourg | Transports en commun Tram D, arrêt Port-du-Rhin | À savoir Quelques personnages célèbres ont participé à la libération de Strasbourg au sein de la 2e D.B. : Jean Gabin, chef de char du *Souffleur II*, ou encore Jean Marais, engagé « par politesse » disait-il en tant que conducteur d'un camion de ravitaillement.

28 Le château de Pourtalès

La diplomate de l'Europe

Le parc du château de Pourtalès offre un cadre paisible et agréable où les familles strasbourgeoises aiment se détendre et se promener. Au XIXe siècle, ce sont des personnalités européennes qui s'y rendent, tels le couple impérial Napoléon III et Eugénie, le roi Louis II de Bavière, l'empereur Guillaume II de Prusse, le prince Napoléon, Franz Liszt ou encore Albert Schweitzer. Ce n'est pas tant pour le cadre champêtre que ces visiteurs se déplacent. Ils viennent rendre visite à la propriétaire des lieux.

Issue d'une riche famille de banquiers protestants, Mélanie de Pourtalès a beaucoup œuvré dans la diplomatie européenne. À la cour de Napoléon III, la belle Alsacienne était une femme appréciée pour sa culture, son élégance et son ouverture d'esprit. Elle plut particulièrement à l'impératrice Eugénie et se lia d'amitié avec la princesse Pauline de Metternich, l'épouse de l'ambassadeur d'Autriche à Paris. Elle tissa avec son mari le comte Edmond de Pourtalès un efficace réseau d'amitiés. Fine observatrice de la situation politique en Europe, la comtesse tenta d'alerter Napoléon III de la menace qui s'élevait de l'autre côté du Rhin. Sûr de lui, l'empereur lui répondit : « Nous n'avons rien à craindre de la Prusse. Elle n'osera pas nous attaquer ». En 1871, la France perd la guerre et l'Alsace est annexée.

Depuis son château où elle continuait de recevoir les plus grands, Mélanie s'efforça de maintenir une culture française dans l'Alsace du *Reichsland* et mit à profit ses relations pour tenter de réconcilier Français et Allemands. Après sa mort en 1914, sa fille Agnès poursuivit le travail dans le domaine de la culture et de la politique française en accueillant notamment François Mauriac, Réjane ou André Maurois. Classé monument historique en 1984, le château accueille désormais des mariages et des visiteurs du monde entier dans ses salons et ses chambres.

Adresse 161 rue Mélanie, 67000 Strasbourg | **Transports en commun** Depuis la Robertsau, suivre la direction « Parc de Pourtalès » | **Horaires d'ouverture** L'intérieur du château ne se visite pas mais le parc est accessible | **À savoir** Des arbres avec des oreilles, un lapin, un génie du lieu ou encore un tuyau orange… De drôles de sculptures émaillent le parc du château. Elles ont été réalisées avec le Centre européen d'actions artistiques contemporaines (CEAAC).

29_Le château Vodou

La mémoire de l'eau

En Occident, nous avons bien souvent une image déformée ou caricaturale du vaudou. Nous associons ce culte à la sorcellerie ou à des pratiques obscures, symbolisées notamment par la fameuse poupée épinglée, instrument de torture par excellence. En Afrique de l'Ouest, berceau du vaudou, la réalité est bien différente. Emporté par les esclaves jusqu'aux Caraïbes et en Amérique, ce culte s'est souvent adapté et a parfois été un peu déformé, sa transmission étant majoritairement orale. Entre religion, culture et philosophie, le vaudou accompagne en fait tous les instants de la vie dans un esprit souvent bienfaisant.

À Strasbourg, le château Vodou héberge la plus importante collection privée d'objets vaudous ouest-africains au monde. Mais ne vous attendez pas à trouver un château avec tourelles et donjon. Le musée s'est installé dans un ancien château d'eau, construit entre 1878 et 1883 par l'architecte Jacobsthal pour alimenter les locomotives à vapeur de la gare voisine. Après l'avoir racheté en 2005, son nouveau propriétaire Marc Arbogast a confié sa réhabilitation à l'architecte Michel Moretti. Le bâtiment a conservé sa structure et son âme – ses briques, ses belles verrières et l'une des quatre cuves qui servaient autrefois de réserve d'eau ont été préservées.

L'ancien patron de la brasserie Fischer y a installé sur trois étages sa collection de près de 1 200 objets ramenés de ses voyages en Afrique. L'expérience est saisissante et dépaysante, à commencer par Kelessi, la gardienne vaudou des lieux qu'il convient de saluer et de nourrir avec du gin ! Puis, au fil de la collection, on comprend mieux cet univers mystique, ses rites, ses objets et surtout son panthéon composé de plus de 400 divinités qui font le lien entre le monde visible et invisible. Chaussez un casque de réalité virtuelle pour vous retrouver au milieu de la place d'un village, plongé en plein rituel, entouré de masques.

Adresse 4 rue de Koenigshoffen, 67000 Strasbourg | **Transports en commun** Tram F, arrêt Porte-Blanche | **Horaires d'ouverture** Du mardi au dimanche de 14 h à 18 h | **À savoir** Le musée propose de nombreuses activités pour les enfants avec des visites thématiques ou des ateliers pour fabriquer un fétiche ou un talisman.

30 Le cimetière nord

Paisible recueillement

Avez-vous déjà remarqué à quel point les cimetières français et allemands sont différents ? Il faut franchir les murs du cimetière nord pour comprendre que nos conceptions du recueillement et du repos éternel sont diamétralement opposées. Ici, entre l'Ill et le Muhlwasser, le visiteur est bien loin de l'univers minéral, froid et dépourvu de végétation que l'on rencontre habituellement en France.

À la Robertsau, le cimetière ressemble davantage à un parc aménagé à la française autour d'une grande pièce d'eau. Les vastes pelouses sont entrecoupées par de longues allées arborées et ombragées. On y trouve une fontaine ou des bancs, installés ici et là. Les carrés sont délimités par des haies soigneusement entretenues. Des effluves de lavande ou de rose offrent un parfum agréable. Dans les plantations du Souvenir, il n'y a pas de pierres tombales, mais des massifs de rosiers, des conifères et des plantes vivaces qui poussent le long des allées. Dans ce jardin funéraire, on découvre l'approche germanique du deuil : le lieu invite plutôt à la promenade, et les proches trouvent du réconfort dans une nature luxuriante et apaisante qui semble indiquer que la vie continue malgré le deuil.

Le plus grand cimetière de Strasbourg s'inspire de ce qui se faisait à l'époque outre-Rhin. Il a été aménagé entre 1914 et 1922 selon les plans de Fritz Beblo, l'architecte de la ville à qui l'on doit de nombreuses écoles, les bains municipaux ou encore la Grande Percée. On retrouve ici sa signature architecturale avec un travail très sophistiqué dans le vaste bâtiment néoclassique jaune à colonnes qui se reflète sur l'eau. Le panorama nous ferait presque oublier que le bâtiment a accueilli le premier crématoire de la ville à une époque où l'incinération était interdite par la religion catholique. À la place, le cimetière nous fait réfléchir et voyager. Certains y trouvent un air florentin, comme le réalisateur Xavier Palud, qui est venu ici tourner certaines scènes de sa série *Intrusion*.

Adresse 1 place des Peupliers, 67000 Strasbourg | **Accès** Depuis la rue du Marais, prendre le pont Phario direction Robertsau. Le parking est situé juste après le centre de secours | **Horaires d'ouverture** Du lundi au dimanche de 8 h à 19 h | **À savoir** Le cimetière accueille quelques personnalités strasbourgeoises comme Hans Haug, l'ancien directeur des musées de Strasbourg et créateur du jardinet gothique de l'Œuvre Notre-Dame.

31 La cité-jardin du Stockfeld

Un air de campagne à la ville

Au XIXe siècle, Strasbourg étouffait, coincée entre ses fortifications médiévales. Il faut dire que les rues étaient particulièrement étroites et l'habitat dense, avec des conditions d'aération et de luminosité insuffisantes. Les familles modestes, souvent ouvrières, s'entassaient dans des appartements insalubres qui favorisaient le développement de maladies.

Le sujet préoccupait particulièrement la municipalité, qui mena une commission municipale dès 1850 – sans oublier que la population de la ville a doublé entre 1871, année de l'annexion par la Prusse, et 1905. Tout comme à Paris avec les travaux entrepris par le baron Haussmann, le maire de Strasbourg, Rudolf Schwander, lance à partir de 1910 un important chantier de modernisation du centre-ville. La « Grande Percée » va profondément transformer l'île et donner vie aux grands axes que l'on connaît aujourd'hui dans la rue du 22-Novembre, de la Division-Leclerc ou encore celle du Vieux-Marché-aux-Vins.

Quid de la population ? La municipalité décida de reloger les 460 familles du côté du Neuhof, dans un nouveau quartier inspiré des *garden cities*, des cités ouvrières avec jardin qui poussaient comme des champignons en Angleterre sur le modèle de l'urbaniste Ebenezer Howard. Imaginée par l'architecte Édouard Schimpf, la cité-jardin du Stockfeld est, avec la cité de Hellerau à Dresden, l'une des premières réalisations de ce genre sur le continent.

Accolée à la forêt du Neuhof, la cité ouvrière s'organise sous forme de petits îlots d'habitations très colorées autour de vastes espaces verts. Il suffit de déambuler un dimanche après-midi ensoleillé dans les petits chemins qui relient les jardins pour saisir l'ambiance conviviale et agréable du lieu. Si les potagers ont laissé progressivement place aux piscines, le cadre de cette vie urbaine à la campagne n'en reste pas moins original et agréable.

Adresse Rue du Stockfeld, 67100 Strasbourg | **Transports en commun** Bus 24, arrêt Colombes | **À savoir** La cité-jardin du Stockfeld est inscrite au titre des monuments historiques depuis 1996. Une extension réalisée en 2013 tente de moderniser l'esprit de la cité historique avec les préoccupations environnementales actuelles.

32_La cité Ungemach

Des jardins sur le Parlement européen

À l'ombre du Parlement européen et du nouveau quartier d'affaires Archipel, ces petites maisons surprennent. Pour le passant, elles semblent être toutes identiques, mais les 140 pavillons avec jardin sont pourtant tous différents si l'on y prête un œil attentif. Ils s'étalent le long de rues aux noms de plantes. Les pâquerettes côtoient ainsi les marguerites, les muguets et les fraises. Pour un peu, on se croirait presque dans un village. La cité Ungemach est pourtant bien en ville, dans un quartier du Wacken en pleine effervescence, où le prix du mètre carré a flambé.

Elle conserve encore aujourd'hui sa vocation sociale imaginée par son fondateur Charles-Léon Ungemach. Cet industriel strasbourgeois était particulièrement préoccupé par le bien-être de ses employés. Dès le début du XXe siècle, il met en place au sein de sa conserverie de Schiltigheim un restaurant d'entreprise, une infirmerie, une bibliothèque, une colonie de vacances pour les enfants du personnel et même une participation aux bénéfices. À la sortie de la Première Guerre mondiale, il imagine un quartier destiné « à de jeunes ménages en bonne santé, désireux d'avoir des enfants et de les élever dans de bonnes conditions d'hygiène et de moralité ». À l'issue d'un grand concours organisé avec la ville, le projet de Paul de Rutté et Jean Sorg est retenu, puis construit entre 1923 et 1928. La sélection des locataires est, elle aussi, méticuleuse et répond à des critères qui s'apparenteraient aujourd'hui à de l'eugénisme. Une fois les enfants devenus grands, les locataires devaient laisser leur place à de plus jeunes parents.

La cité-jardin est transférée à la ville en 1950. Elle est aujourd'hui gérée par son bailleur social Habitation moderne et protégée de la pression foncière environnante. La liste d'attente est longue pour vivre dans cet écrin naturel au bord de l'Ill, car seulement deux ou trois maisons se libèrent chaque année.

Adresse Allée du Printemps, 67000 Strasbourg | **Transports en commun** Tram E, arrêt Parlement-Européen ou à vélo en remontant le quai du Chanoine-Winterer devant le siège d'Arte | **À savoir** L'ancienne conserverie Ungemach est encore visible route de Bischwiller à Schiltigheim. Ses deux donjons (l'un rond, l'autre carré) se dressent à l'entrée de la ville.

33 Le cloître de l'église Saint-Pierre-le-Jeune

Un havre de paix dans la ville

Dans le tissu urbain dense de la Grande Île se cachent des lieux paisibles où le temps s'arrête. Il faut parfois oser pousser quelques vieilles portes pour y accéder et découvrir, par exemple, la quiétude d'un vieux cloître médiéval.

L'église Saint-Pierre-le-Jeune est remarquable sur bien des aspects. Construite au XIe siècle sur les restes d'une petite église fondée par des moines irlandais, l'église a été consacrée par Léon IX, le seul pape alsacien. De cette période romane, il ne subsiste que le cloître et les étages inférieurs du clocher. L'église actuelle date du XIIIe siècle. En 1524, elle devient protestante sous l'impulsion du réformateur Wolfgang Capiton. Un siècle et demi plus tard, Louis XIV y fait restaurer la paroisse catholique. Les deux religions se partagent alors le lieu : le chœur aux catholiques, la nef aux protestants. C'est dans ce contexte que le bienheureux Charles de Foucauld y a été baptisé en 1858, avant que les cultes ne se séparent avec la construction, dans la Neustadt, d'une église catholique en 1893.

Au fond de l'église protestante, face à l'entrée principale, une discrète porte en bois permet d'accéder au cloître. Il possède trois galeries de la période romane et une galerie gothique du XIVe siècle. Il serait ainsi le plus ancien cloître conservé au nord des Alpes ; il a toutefois subi de nombreuses transformations. Les galeries romanes ont été remplacées au XVIIIe siècle par des galeries baroques. Le cloître a été restauré une première fois par Carl Schäfer à la fin du XIXe siècle puis au début des années 2000 avec un travail important sur les belles peintures murales. En son centre, le jardinet voit pousser plusieurs variétés de roses qui dégagent un parfum fabuleux. Il est alors particulièrement agréable de se poser sur un banc pour profiter du calme et du frais, à l'ombre des galeries, pour se détendre ou pour lire.

Adresse Église protestante Saint-Pierre-le-Jeune, place Saint-Pierre-le-Jeune, 67000 Strasbourg | **Transports en commun** Tram B/C/F, arrêt Broglie | **Horaires d'ouverture** Tous les jours de 12 h à 18 h | **À savoir** Sur la place se dresse une statue de Charles-Adolphe Wurtz, illustre scientifique strasbourgeois, connu notamment pour sa découverte de l'éthylène glycol et la réaction de Wurtz.

34 Le coq et la poule

Si vous les entendez, c'est l'heure de déjeuner

Si vous passez sur les coups de midi devant le siège du journal *Les Dernières Nouvelles d'Alsace* rue de la Nuée-Bleue, vous risquez d'être surpris par un manège assez original. Chaque jour, à midi pile, un coq mécanique perché sur l'horloge de la façade du quotidien alsacien se met à chanter en battant des ailes et en levant la tête. À son cocorico bien audible, une poule répond de l'autre côté de la rue et pond des œufs dorés qui disparaissent ensuite dans son nid. Ce petit ballet se répète trois fois, souvent à la surprise des passants et sous le regard amusé des enfants.

Le coq fut installé sur la façade des *Dernières Nouvelles d'Alsace* en 1920 au lendemain de la Première Guerre mondiale pour célébrer la victoire française. On doit sa réalisation à un mécanicien des ateliers du journal qui prit soin de découper des centaines de plumes en métal pour constituer ce coq. Fièrement dressé sur ses pattes, la crête et les barbillons bien rouges, il surmonte une horloge à trois pans. Durant la Seconde Guerre mondiale, le gallinacé a été démonté et caché lorsque l'Alsace s'est retrouvée annexée par l'Allemagne nazie. Il est vrai qu'un fier coq gaulois à la vue des passants n'aurait pas été du meilleur effet aux yeux des occupants – la création a donc pu être préservée et a retrouvé tranquillement sa place à la libération de Strasbourg en 1944. Si aujourd'hui ce petit ballet est automatisé, initialement, un comptable du journal remontait le mécanisme du coq à l'aide d'une manivelle lorsque les 12 coups de midi sonnaient à la cathédrale.

La poule, quant à elle, est plus récente. Elle s'est perchée en 1991 au-dessus de l'agence bancaire qui fait le coin entre la rue de la Nuée-Bleue et la place Saint-Pierre-le-Jeune, comme clin d'œil à son compagnon à qui elle répond fièrement. Avec sa voisine, le coq donne désormais un petit air de basse-cour au centre de Strasbourg, qui compte déjà plusieurs animaux étonnants.

Adresse 17 rue de la Nuée-Bleue, 67000 Strasbourg | Transports en commun Tram B/C/F, arrêt Broglie | À savoir Sous le coq, jetez un œil à la plaque apposée au mur. Vous y découvrirez que c'est dans ce bâtiment qu'Ettore Bugatti a dessiné en 1904 la fameuse Mathis Hermès.

35_La cour du Corbeau

Dans la cour des grands

L'entrée est discrète et nombreux sont les passants à emprunter la place du Corbeau qui n'y prêtent attention. Pourtant, derrière les grilles, surveillées par un corbeau perché sur l'arête de la façade, se trouve l'un des hôtels les plus fameux de Strasbourg. La cour du Corbeau a en effet servi d'hôtellerie de 1528 à 1854 sans discontinuer. Durant cette période, elle a accueilli de nombreux voyageurs célèbres comme le maréchal de Louis XIV, Henri de Turenne, l'écrivain et philosophe Voltaire ou encore Alexandre Dumas père, accompagné de son ami Gérard de Nerval qui y rédigèrent une partie de leurs récits de voyage vers l'Allemagne, trouvant la ville de Strasbourg agréable.

D'autres personnalités essayèrent d'y séjourner de façon plus discrète. Frédéric le Grand, roi de Prusse, rêvait de voir l'armée française en manœuvre et de rencontrer Voltaire. Il se rendit alors incognito à Strasbourg en 1740 en tant que comte Dufour. Démasqué par l'aubergiste, il retourna en Prusse en ayant quand même pu assister à la relève de la garde et poser un lapin à la bourgeoisie locale lors d'une représentation à l'Opéra – il rencontrera quand même le prince des Lumières un peu plus tard. Revenant de Versailles, c'est aussi incognito que l'empereur d'Autriche Joseph II s'arrêta à Strasbourg en 1777 et descendit à la cour du Corbeau sous le nom de comte de Falkenstein.

L'hôtel ferma ses portes en 1854. Le bâtiment fut alors occupé par la verrerie Ott Frères pendant près de 130 ans. Les magnifiques façades à pans de bois de la Renaissance sont classées au titre des monuments historiques en 1930. Après deux ans de travaux titanesques, un hôtel luxueux a de nouveau ouvert ses portes en 2009 à la cour du Corbeau. En empruntant la discrète porte, les passants peuvent aujourd'hui tutoyer quelques grands de l'histoire dans une cour calme et pittoresque.

Adresse 6-8 rue des Couples, 67000 Strasbourg | Transports en commun Tram A/D, arrêt Porte-de-l'Hôpital | À savoir Les chambres de l'hôtel portent aujourd'hui les traces et les noms de leurs célèbres hôtes.

36 Le crocodile

Souvenirs d'Égypte

Une chouette au lycée des Pontonniers, un coq aux *Dernières Nouvelles d'Alsace*, une grenouille rue de l'Épine, une girafe devant Arte... Strasbourg possède un incroyable bestiaire. Un autre animal insolite ne vous aura probablement pas échappé près de la place Kléber. Un crocodile est en effet accroché rue de l'Outre et semble être prêt à dévorer les passants. L'enseigne est en réalité un clin d'œil métallique à un véritable crocodile de 3 mètres accroché au plafond du restaurant.

Mais rassurez-vous, la bête ne risque plus de vous mordre ! Elle a été ramenée d'Égypte il y a plus de deux siècles par le capitaine Ackermann. L'officier fut l'aide de camp du général Kléber lors de la campagne d'Égypte de mai 1798 jusqu'à son assassinat au Caire, le 14 juin 1800. Sur place, il a eu l'occasion de capturer ce crocodile sur les bords du Nil et de le faire empailler avant de le ramener à Strasbourg. De retour dans la capitale alsacienne, il acheta une vieille ferme au 10 rue de l'Outre pour y ouvrir un estaminet et y accrocher son imposant trophée de chasse, qui devint assez rapidement une attraction dans la ville.

L'établissement, quant à lui, ne s'est mis à briller que bien plus tard. En 1971, le plus jeune chef étoilé de France, Émile Jung, achète le restaurant et en fait l'une des adresses les plus réputées du pays. Il décroche une seconde étoile au *Guide Michelin* en 1975, puis atteint le sommet de la gastronomie française avec une troisième étoile de 1989 à 2002. Après avoir changé de mains et perdu ses étoiles, l'établissement s'est donné un nouveau souffle en 2017 grâce au chef Franck Pelux, ancien candidat de *Top Chef*, et sa compagne Sarah Benahmed. Avec eux, le restaurant décroche une étoile, le titre de meilleur restaurant gastronomique au monde et le prix Michelin du service. Après le départ du couple en 2019, Au Crocodile s'est refait une beauté et se tient prêt à croquer de nouveau les étoiles.

Adresse 10 rue de l'Outre, 67000 Strasbourg | **Transports en commun** Tram B/C/F, arrêt Place-Broglie | **Horaires d'ouverture** Le midi du mercredi au samedi et le soir du mardi au samedi | **À savoir** Une grande toile de François-Adolphe Grison est accrochée au mur du restaurant. Elle représente une fête autour d'une auberge qui existait quai des Pêcheurs. Saurez-vous trouver la signification de l'amusant rébus peint sur l'enseigne ?

37 La demeure de Goethe

Les passions du prince des poètes

Dès son arrivée à Strasbourg le 2 avril 1770, Johann Wolfgang Goethe tombe sous le charme de la cathédrale de Strasbourg. « Plus je considérais la façade de cette cathédrale, plus se fortifiait et se débrouillait en moi cette première impression, que le sublime y est uni à l'agréable » écrit-il dans ses mémoires. Venu poursuivre ses études de droit entamées à Leipzig, le jeune homme suit les traces de son père et de son arrière-grand-père maternel, qui y avait soutenu sa thèse en 1663. Il s'installe d'abord à l'hôtel de l'Esprit avant de louer une chambre dans cet immeuble de la rue du Vieux-Marché-aux-Poissons, à deux pas de la cathédrale. Il y multiplie les visites et grimpe sur la plateforme à plusieurs reprises pour vaincre son vertige.

À Strasbourg, Goethe s'intéresse également à la médecine et se montre particulièrement attentif aux cours de l'illustre professeur Jean-Frédéric Lobstein. Il rencontre aussi, par hasard, le philosophe Herder, venu soigner ses yeux à Strasbourg, qui lui fait découvrir Shakespeare, la poésie d'Homère et le charme gothique de la cathédrale. Ensemble, ils jettent les bases du *Sturm und Drang,* mouvement littéraire préromantique inspiré par Rousseau et Shakespeare, qui sera parfaitement illustré par son roman *Les Souffrances du jeune Werther.*

En octobre 1770, il rencontre la jeune Frédérique Brion lors d'une promenade du côté de Sessenheim et en tombe amoureux. Ils vivent une idylle jusqu'à son départ en août 1771 qu'il évoquera dans son autobiographie *Poésie et Vérité.*

Le jeune Goethe se passionne enfin pour la venue de Marie-Antoinette à Strasbourg le 7 mai 1770 pour le rite de la remise de l'épouse. Accompagné de quelques amis de l'université, il se rend sur l'île aux Épis quelques jours avant la reine pour découvrir le pavillon éphémère en bois « d'une splendeur princière » érigé pour accueillir la cérémonie.

Adresse 36 rue du Vieux-Marché-aux-Poissons, 67000 Strasbourg | Transports en commun Tram A/D, arrêt Langstross – Grand'Rue | Horaires d'ouverture Visible seulement de l'extérieur | À savoir Au-delà du médaillon en façade, Goethe est représenté entouré de ses muses en face du Palais universitaire et avec un buste installé dans le parc de l'université.

38 L'École nationale d'administration

« Ouvrir une école, c'est fermer une prison »

Strasbourg forme des énarques depuis 1991. La célèbre École nationale d'administration y a posé ses valises à la faveur de la politique de décentralisation de l'État menée par Édith Cresson. Avec comme objectif de se rapprocher du terrain et s'ouvrir aux enjeux européens, le choix de la capitale européenne et deuxième ville diplomatique française s'imposait comme une évidence. Plusieurs sites sont alors étudiés pour accueillir la prestigieuse institution. On pense aux locaux militaires de l'avenue de la Forêt-Noire – qui sont aujourd'hui finalement habités par le PEGE –, à l'espace Europa à l'entrée de Schiltigheim ou encore au Bon Pasteur près de l'Orangerie. C'est finalement l'ancienne commanderie Saint-Jean qui est retenue pour sa proximité avec le centre-ville et la gare et pour ses accès vers l'aéroport.

À l'origine, le site était occupé au Moyen Âge par des moines de la confrérie de Saint-Augustin puis abandonné et racheté au XIVe siècle par Rulman Merswin, un riche banquier. Il confia le lieu aux chevaliers de l'ordre de Saint-Jean de Jérusalem qui le nommèrent « commanderie Saint-Jean » et y installèrent un hospice avec une façade en trompe-l'œil. En pleine guerre de Trente Ans, le bâtiment est évacué puis pillé, partiellement démoli et abandonné jusqu'en 1740. Après avoir été un hospice, la commanderie Saint-Jean devient la prison Sainte-Marguerite. Les prisonniers y purgeaient de courtes peines et exécutaient de petits travaux manuels comme râper du bois de gaïac, un bois exotique utilisé dans le traitement de la syphilis. Cette activité lui donnera le surnom de la *Raspelhus* – la « maison où l'on râpe ». Devenue vétuste après la Seconde Guerre mondiale, elle ferma ses portes en 1988 pour finalement accueillir l'ENA trois ans plus tard. Un choix assez cocasse qui illustre à merveille la célèbre maxime de Victor Hugo : « Ouvrir une école, c'est fermer une prison. »

Adresse 1 rue Sainte-Marguerite, 67000 Strasbourg | **Transports en commun** Tram B/F, arrêt Faubourg-National | **À savoir** Dans le hall de l'école se trouve une horloge montée en 1861 par le maître Ungerer, un ancêtre du fameux illustrateur Tomi. L'horloger réputé avait aussi la charge de l'entretien de l'horloge astronomique de la cathédrale de Strasbourg.

39 L'église orthodoxe russe

Des kokochniki près de l'Orangerie

À quelques pas du quartier européen, le canal de la Marne au Rhin prend des airs de Neva. Sur son rivage, trois bulbes dorés pointent vers le ciel. Le plus important culmine à 41 mètres avec sa flèche tout aussi étincelante. Comme de nombreuses églises russes, d'élégants *kokochniki* viennent souligner les toits vert pâle en cuivre. La première église orthodoxe russe de Strasbourg marque le paysage et vient enfin compléter l'important patrimoine religieux d'une ville multiconfessionnelle. En effet, la capitale européenne ne disposait pas encore de son église russe contrairement à certaines de ses voisines allemandes comme Stuttgart ou Francfort. C'est chose faite depuis 2018 avec l'inauguration de l'église orthodoxe de Tous-les-Saints, qui peut accueillir jusqu'à 300 fidèles.

La première pierre a été posée en 2014, symboliquement apportée du mont Athos en Grèce. Ce haut lieu spirituel et culturel orthodoxe n'a pas été choisi par hasard puisque la Vierge Marie est à la fois protectrice de cette montagne sacrée et de la ville de Strasbourg. Le chantier a toutefois connu quelques difficultés avec, par exemple, la fabrication et l'installation de son imposant dôme central. Cette pièce de 3 mètres de diamètre et de 3,85 mètres de hauteur a été fabriquée à Moscou dans les ateliers d'une entreprise spécialisée puis acheminée jusqu'à Eschau, dans les alentours de Strasbourg. Il a fallu encore plusieurs semaines pour assembler tous les éléments, les transporter puis les hisser au sommet de l'église. La grande croix en inox doré vient surmonter cet ensemble.

Comme un rappel, les bulbes dorés de l'église orthodoxe russe de Strasbourg sont visibles depuis les terrasses du Parlement européen. L'édifice n'a d'ailleurs pas seulement un rôle religieux : au-delà de rassembler la communauté russophone orthodoxe de la région, il a également pour mission de représenter la position de l'Église au Conseil de l'Europe voisin.

Adresse 106 rue du Général-Conrad, 67000 Strasbourg | Accès En voiture ou à vélo via le quai des Belges ou le quai Jacoutot | À savoir L'un des circuits proposés par Captain Bretzel nous fait naviguer jusqu'à l'église orthodoxe à bord d'un petit bateau électrique.

40_L'église Saint-Guillaume

La liberté de pencher

Dans le paysage strasbourgeois, l'église Saint-Guillaume offre une vision pittoresque avec sa jolie façade blanche au bord de l'Ill. Elle frappe par sa simplicité qui illustre à merveille l'idéal de pauvreté des moines guillemites pour lesquels elle a été construite entre 1298 et 1307. Mais un autre détail attire l'œil du promeneur lorsqu'il arrive depuis la Grande Île par le pont Saint-Guillaume : son clocher est asymétrique !

Au moment de le construire en 1667, le charpentier Philippe Schermann semble avoir eu bien du mal à s'adapter à la façade bancale de l'édifice. Cette erreur, amusante aujourd'hui, lui aura valu d'être condamné, à l'époque, à la bastonnade. Ce clocher porte une autre marque intéressante : il est surmonté d'une ancre car l'église a été choisie en 1331 comme paroisse par la puissante corporation des bateliers.

Réputée pour son acoustique exceptionnelle, l'église possède un fabuleux orgue Silbermann, le plus ancien d'Alsace à être resté en place. Fabriqué par le très réputé André Silbermann en 1728, il a vu un certain Albert Schweitzer y apprendre à jouer aux côtés d'Eugène Münch. Entièrement refait en 1987 à l'exception du buffet qui est classé, il est aujourd'hui idéal pour faire sonner l'œuvre de Bach dans des conditions optimales.

Enfin, l'église Saint-Guillaume, passée au culte protestant à partir de 1534, est également connue pour être ouverte et résolument moderne. Ces dernières années, et sous l'impulsion de son pasteur Christophe Kocher, l'église s'est beaucoup investie pour la communauté LGBT. Le pasteur a par ailleurs redoublé d'imagination dans le but de lever des fonds pour la nécessaire restauration de l'édifice. Entre la diffusion du film *L'Exorciste* dans le cadre du Festival européen du film fantastique ou l'organisation d'un insolite *escape game*, la paroisse est décidément bien surprenante.

Adresse 1 rue Munch, 67000 Strasbourg | **Transports en commun** Tram C/E/F, arrêt Gallia puis remonter le quai des Pêcheurs | **À savoir** L'ancre du clocher a inspiré le brasseur Jean Hatt, fondateur de la brasserie de l'Espérance, pour le nom de sa bière.

41 L'enceinte médiévale

Merlon et chemin de ronde

Face à l'étendue de la ville aujourd'hui, difficile d'imaginer que Strasbourg s'arrêtait au Moyen Âge à la Krutenau. Pour s'en convaincre, il suffit pourtant d'aller derrière l'église Sainte-Madeleine. Loin du tumulte habituel des grandes artères du quartier, on se retrouve face à un mur d'enceinte en briques, percé par une porte, avec de larges merlons et un chemin de ronde. L'ensemble se fond presque dans le décor environnant. Il s'agit de l'un des rares vestiges des fortifications de la ville issus du troisième agrandissement commencé en 1228, surélevé à la Renaissance et restauré en 2019.

Depuis l'installation du camp romain *d'Argentoratum*, Strasbourg avait jusque-là concentré son développement sur la Grande Île, bien protégée par une enceinte fortifiée construite par la *legio VIII Augusta*. Devenue *Strateburgo* – le « bourg de la route » – au cours du haut Moyen Âge, la ville continue son développement sous l'impulsion de son évêque. L'île est ceinturée et Strasbourg, ainsi protégée, connaît une croissance importante, passant en deux siècles de 3 000 à 10 000 habitants. Elle devient l'une des cités les plus importantes du Saint Empire et étale sa richesse à partir de 1176 avec la construction de sa monumentale cathédrale.

À l'étroit sur son île, la ville s'étend à partir du XIIIe siècle au-delà de l'Ill et du canal du Faux-Rempart en intégrant les quartiers des corporations dont elle dépend étroitement : les jardiniers, les pêcheurs, les bateliers et les bouchers. On entame alors à partir de 1228 le troisième agrandissement des fortifications de la ville qui, sur une longueur de 1 650 mètres, relient les ponts couverts au Rheingiessen – l'actuelle rue de Zurich. La ville connaît d'autres transformations majeures. Des 20 hectares du castrum romain d'origine, Strasbourg passe à 275 hectares fortifiés sous Vauban, puis voit sa superficie tripler après la construction de la Neustadt au-delà des remparts à partir de 1870.

Adresse Place Sainte-Madeleine, 67000 Strasbourg | **Transports en commun** Tram A/D, arrêt Porte-de-l'Hôpital | **À savoir** La porte Renaissance provient de l'ancien hôtel de Rathsamhausen détruit en 1913. On peut y lire la date de 1576 gravée dans la pierre.

42 L'étang du Rohrkopf

Gourmet comme une carpe

Dans la gastronomie alsacienne, le poisson tient une place à part. Il faut dire que la topographie de la région s'y prête particulièrement bien. Le Rhin, l'Ill et leurs nombreux bras regorgent de saumons, d'ombres et autres brochets. Les étangs de la forêt rhénane ne sont pas en reste : ils sont peuplés de silures, de perches ou de carpes. On retrouve donc sans surprise ces poissons dans les livres de recettes alsaciennes et, avant cela, sur les étals des marchés strasbourgeois. La région du Sundgau a même élevé la carpe frite en spécialité culinaire !

Dès le XVIe siècle, les poissons alsaciens étaient particulièrement réputés et recherchés sur les bonnes tables parisiennes, où leur taille démesurée impressionnait autant que leur saveur. « Nulle part on ne voit de plus belles ni de meilleures carpes qu'en Alsace », écrivait vers 1730 Benoît Maugue, premier médecin de la province d'Alsace, au service du roi. En 1810, une carpe du Rhin âgée de plus de 120 ans accompagna l'entrée de Marie-Louise d'Autriche en France pour parvenir jusqu'au prince de Neuchâtel.

Si les cours d'eau ont été progressivement domptés, mettant en péril les espèces qui y vivaient, les étangs restent quant à eux bien garnis. Dans la forêt de la Robertsau, ils sont nombreux et parfois entourés de jolies petites cabanes de pêcheurs. L'un d'eux, l'étang du Rohrkopf, héberge le plus vieux club de pêche à la mouche de la région. Ses membres prennent plaisir à lever des carpes et des brochets puis à les relâcher.

En ville aussi on retrouve le plaisir de la pêche. Sur les quais, une nouvelle pratique est apparue, plus accessible et plus simple : le *street fishing*. Avec ses nombreux canaux et cours d'eau, Strasbourg est d'ailleurs une place réputée pour la pêche urbaine. En 2007, elle accueillait le premier Open de *street fishing*, la première grande manifestation de pêche urbaine en France.

Adresse Route du Glaserswoerth, 67000 Strasbourg | **Transports en commun** Depuis l'Orangerie, prendre la direction du quai Jacoutot puis longer le Rhin | **À savoir** Où manger de la carpe à Strasbourg ? À la Robertsau, le restaurant Sandkischt est particulièrement réputé pour sa fameuse carpe frite.

43_La façade égyptienne

Entre Nil et Jugendstil

Ancienne vitrine et laboratoire urbain de l'Empire allemand à Strasbourg, la Neustadt regorge de pépites architecturales où se mêlent diverses influences. Les imposants bâtiments wilhelmiens place de la République construits dans le plus pur style néo-Renaissance germanique côtoient des immeubles et villas aux styles néogothique, Art déco, Art nouveau ou encore rococo. Parmi les constructions de cette période, à quelques pas de l'avenue des Vosges, l'une d'elles détonne et nous fait voyager en Égypte.

Construite en 1905, la façade de la maison égyptienne attire l'œil par ses couleurs vives où le bleu, le vert, l'or et le rouge s'entrelacent, et où les motifs de figures de l'Égypte antique se mélangent à des formes Jugendstil, le pendant allemand de l'Art nouveau. Elle témoigne de l'intérêt pour l'orientalisme à l'époque, et notamment pour l'Égypte antique,qui faisait l'objet de cours à l'université de Strasbourg. Elle a été conçue par l'architecte Franz Scheyder qui s'est souvent illustré par un style très personnel avec beaucoup d'audace voire d'excentricité dans ses constructions. Sa collaboration avec le peintre Adolf Zilly pour cette façade marque encore davantage cette audace.

L'artiste a signé en quinze jours un décor monumental qui commence dès la porte d'entrée, encadrée par deux colonnes qui évoquent des papyrus fermés. Plus haut, la fresque évoque une scène de chasse. On peut y voir un pharaon de profil tenant un canard dans la main gauche et un sceptre héqa dans la droite. Derrière lui, sa femme attrape une branche de papyrus pour la sentir. Cette scène est surmontée par des papyrus rectilignes, des oiseaux, des papillons en vol et tout en haut, la déesse-vautour Nekhbet déployant ses ailes. De part et d'autre de la façade, les fenêtres sont coiffées d'un décor sculpté dans la pierre ou bien assorties de jolis balcons où sont représentées des chauves-souris aux ailes ouvertes. L'ensemble de la façade a été restauré une première fois en 1995 puis en 2010.

Adresse 10 rue du Général-Rapp, 67000 Strasbourg | **Transports en commun** Bus 10, arrêt Vosges-Oberlin | **À savoir** On retrouve une réalisation conjointe de l'architecte Franz Scheyder et du peintre Adolf Zilly au 30 rue Principale à Schiltigheim. Il s'agit cette fois-ci d'un serpent dans un décor symboliste assez varié.

44 La fontaine du Meiselocker

Du Vater Rhein au charmeur de mésanges

Au début du XXe siècle, une statue créa la polémique chez les Strasbourgeois. Le 6 juin 1902 est inaugurée une belle fontaine sur la place Broglie, devant les marches du théâtre municipal – l'actuel opéra. Elle était surmontée d'une statue en bronze dédiée au *Vater Rhein*, ce personnage mythique, protecteur et paternel vénéré dans la vallée du Rhin. L'œuvre a été réalisée par le Munichois Adolf von Hildebrand, considéré à l'époque comme le meilleur sculpteur allemand. Ce dieu du Rhin tient dans sa main droite un saumon et dans sa main gauche un trident. Jusque-là, rien de bien choquant. Sauf que la statue se déhanche de manière assez équivoque et tend ses fesses nues aux spectateurs qui sortent du théâtre. Ce postérieur gênant fut l'objet de polémiques et de nombreuses cartes postales satiriques.

À la fin de la Première Guerre mondiale, la réintégration à la France s'accompagne d'une volonté de « dégermaniser » la ville. Ce *Vater Rhein* provoquant et trop allemand est démonté en 1919 puis offert 10 ans plus tard à la ville de Munich à l'instigation d'un certain Fritz Beblo, l'ancien architecte en chef de la ville de Strasbourg parti dans la capitale bavaroise. En échange, la capitale alsacienne reçut une statue plus discrète et poétique : le *Meiselocker* ou charmeur de mésanges.

Réalisée par Ernest Weber, l'œuvre représente un jeune garçon, le flûtiau en bouche et la cage à la main, parti charmer les mésanges dans la forêt du Rhin comme l'indique le poème en alsacien à ses pieds. Une allégorie des Strasbourgeois : charmeurs de mésanges au sens propre ou beaux parleurs au sens figuré, et qui leur a valu le doux surnom de *Meiselocker*. Ce surnom vient également peut-être d'un fait historique plus glorieux : les Strasbourgeois repoussèrent le roi de France Henri II en 1552 sur les collines de Hausbergen à l'aide d'un canon baptisé *Meise* (« Mésange »).

Adresse Place Saint-Étienne, 67000 Strasbourg | Transports en commun Tram C/E/F, arrêt Gallia | À savoir C'est en face du *Meiselocker* qu'est née en 2011 la chaîne de restaurants locavores strasbourgeoise Pur Etc. Une bonne adresse pour manger sain, local et responsable.

45 Le fort Kléber

Les canons laissent la place aux moutons

Le fort Kléber fait partie de la ceinture fortifiée créée par l'armée prussienne pour protéger Strasbourg au lendemain de la guerre de 1870. Elle comptait 14 forts autour de la ville, dont celui-ci, qui se trouve à Wolfisheim. Après le départ de la dernière unité militaire en 1996, la commune a acquis l'ensemble du fort en 2008 avec une idée intéressante en tête. En 2010, le parc du fort ouvrait ses portes au public avec une zone de jeux, une mini-ferme et un parcours santé.

L'accès se fait par l'ancienne place d'armes. Caché sous la terre, le fort construit en 1875 se dévoile avec ses grandes façades de grès rose et de briques percées de nombreuses fenêtres voûtées. Une passerelle nous emmène à l'intérieur de l'ancienne caserne où des livres en libre-service nous accueillent, suivis d'une belle fresque street art de Bismarck devant le fort, clin d'œil à son nom d'origine, *Fort Fürst Bismark*. Quelques pièces fermées rappellent la nature militaire de l'édifice, notamment son rôle de prison ou d'abri pendant la Seconde Guerre mondiale.

Arrivés au bout du tunnel, deux choix s'offrent à nous : en prenant à droite, on accède à une ferme pédagogique installée sur les talus, dans une cour du fort réaménagée. Des poules, des moutons, des paons, des lapins et même Coco, un cochon vietnamien, déambulent sous les yeux des visiteurs. Tous les soirs de la semaine à 17 h 30 ou le samedi à 9 h, les bénévoles de l'association qui gère la ferme viennent les nourrir, nettoyer les enclos et permettent aux visiteurs de les aider.

En prenant à gauche ou en continuant le chemin depuis la basse-cour, on arrive sur une zone de loisirs. Les enfants peuvent s'amuser sur le mur d'escalade, le toboggan ou la toile d'araignée. Les plus grands s'affronteront au tennis de table. Et pour toute la famille, des bancs et des tables de pique-nique sont à disposition.

Adresse Rue du Fort-Kléber, 67202 Wolfisheim | **Accès** À vélo depuis la piste des forts ou en voiture depuis l'autoroute de Saverne-Hautepierre (A351), sortie Wolfisheim | **Horaires d'ouverture** D'avril à septembre de 8 h à 21 h et d'octobre à mars de 8 h à 18 h | **À savoir** Le fort Kléber accueille chaque été le Wolfi Jazz, un festival de jazz de très grande qualité.

46_Le Foyer de l'étudiant catholique

Nourrir le corps et l'esprit

La riche façade à pignon qui donne sur la place Saint-Étienne en impose. Ses deux grands oriels latéraux apportent un relief qui attire l'œil. Pourtant, le lieu est particulièrement discret, voire méconnu. Cette ambivalence accompagne le Foyer de l'étudiant catholique sur bien d'autres aspects. En pénétrant sous le porche, on a le sentiment de rentrer dans l'intimité d'un lieu chargé d'histoire. Pourtant ici, la vie sociale bouillonne. Construit en 1598 pour le *Stettmeister* Jean-Philippe Boecklin, le fastueux bâtiment renaissance devient le siège de la noblesse de Basse-Alsace de 1685 à 1789. Confisqué à la Révolution, il devient café, hôtel et école privée avant d'accueillir des jeunes mineurs délinquants sous le patronage de la Société de saint Vincent de Paul puis des étudiants à partir de 1925 lorsqu'il devient le F.E.C.

Aujourd'hui, l'endroit est particulièrement renommé pour la qualité de son restaurant universitaire ouvert à tous, même aux travailleurs ou touristes de passage venus profiter d'une cuisine saine, maison et bon marché. Le chef, aidé de personnes en réinsertion, concocte ses plats avec des ingrédients issus de producteurs locaux. On y trouve aussi des pizzas et un bar à pâtes qui se transforme le soir en bar chaleureux tenu par les étudiants de la maison. Cette ouverture d'esprit a été insufflée par le créateur du F.E.C., le frère Médard, qui avait à cœur de nourrir les corps mais aussi les esprits.

Dans sa magnifique salle Léon XIII aux plafonds classés, l'établissement accueille ainsi des conférences particulièrement réputées autour des questions sociales, politiques, religieuses ou culturelles. C'est aussi un lieu politiquement engagé en faveur de la démocratie et de la construction européenne. Il permet notamment à des personnalités politiques locales de s'y exprimer comme ont pu le faire avant eux Pierre Pflimlin, Robert Schuman ou Maurice Rudloff.

Adresse 17 place Saint-Étienne, 67000 Strasbourg | **Transports en commun** Tram C/E/F, arrêt Gallia | **Horaires d'ouverture** Voir les horaires et programme des conférences sur www.fec-strasbourg.org | **À savoir** Le mathématicien Paul Appell est né dans cette maison le 27 septembre 1855.

47_Le Garde Fou

On tire ou on pointe ?

Quelle activité sportive symbolise à merveille la France et la convivialité ? La pétanque bien sûr ! Ce sport, officiellement créé en 1906 à La Ciotat, est largement associé à l'été et aux moments agréables entre amis – et il va de soi qu'il se joue généralement dehors, sur la place du village. S'il existe bien quelques endroits appréciés des boulistes strasbourgeois, la pratique reste toutefois limitée dès la venue des mauvais jours. À moins d'y jouer à l'intérieur, dans la cave d'un bar par exemple.

À quelques pas de la gare, le Garde Fou a aménagé une piste dans sa magnifique cave voûtée. Quelle mouche a bien pu piquer « Duss » et « Eku », les deux propriétaires du lieu ? Il faut remonter en 2008 autour de quelques bières dans le Jura pour voir l'idée des deux amis germer : ils ouvriront un jour un bar ensemble. Puis ils retournent à leur vie, l'un kinésithérapeute, l'autre ergothérapeute. Habitué du bar Le Grincheux, Duss y fait un jour un remplacement. C'est une révélation : il aime servir et conseiller. Surtout, il se souvient de la promesse faite avec son vieil ami. Parrainés par le propriétaire du Grincheux, Duss et Eku sautent le pas et ouvrent le Garde Fou en 2017.

Pendant les travaux dans ce vieil immeuble classé de 1580, ils découvrent la magnifique cave voûtée dont les conditions d'accès ne permettent pas d'accueillir beaucoup de clients. Ils décident alors d'y installer une piste de pétanque en prenant conseil auprès de la Fédération.

Finalement, l'activité est totalement en accord avec la philosophie du bar. À l'étage, la carte des vins et des bières est riche et variée. Elle fait honneur aux meilleurs vignerons nature et brasseries artisanales françaises. Dans l'assiette, le chef Ludo propose une cuisine locale particulièrement inspirée et savoureuse comme ce tartare de lieu jaune avec petit pois ou son mille-feuille d'escargot. Le tout sous le regard vigilant de Superdupont !

Adresse 8 rue du Faubourg-National | **Transports en commun** Tram B, arrêt Faubourg-National | **Horaires d'ouverture** Du lundi au jeudi de 17 h à 2 h et du vendredi au samedi de 17 h à 4 h | **À savoir** Le logo du Garde Fou est un joyeux coquelet, une manière d'affirmer sans arrogance la fierté de proposer de bons produits français.

48_Le grand séminaire

Jardin secret et bibliothèque historique

Si l'on connaît très bien la face de la cathédrale, on ignore bien souvent ce qui se cache à son autre extrémité, derrière le chœur. Il suffit de regarder des images satellites pour voir un joli petit jardin. Pourtant, lorsque l'on passe devant le vaste bâtiment de la rue des Frères, rien ne le laisse transparaître. Les grandes portes bleues du grand séminaire semblent cacher bien des trésors, qu'il est malheureusement rare de pouvoir admirer.

Construit entre 1768 et 1772 après le rattachement à la France, à la place de l'ancien Bruderhof, le grand séminaire sert depuis à la formation des prêtres. Dans l'ancienne bibliothèque, une pièce magistrale éclairée par de magnifiques lustres, on retrouve macle et hermine, des armoiries des cardinaux de Rohan, miraculeusement épargnées par la Révolution. On y conserve également les plans et la maquette utilisés lors de la construction du bâtiment. Sur les deux étages, des milliers de livres anciens, essentiellement du XVIe au XVIIIe siècle, sont soigneusement rangés. La bibliothèque renferme aussi quelques trésors comme le *Codex Guta-Sintram* daté de 1154 qui provient de l'abbaye de Marbach, un manuscrit écrit vers l'an 800 et un *Nouveau Testament* grec de l'an 1000. En dehors des ouvrages, on peut admirer un joli bois gravé de Gustave Doré ou l'une des rares Vierges en argent d'Alsace préservées de la Révolution.

En contrebas de la bibliothèque, après avoir emprunté un escalier monumental et croisé des vestiges des statues prévues pour l'horloge astronomique de la cathédrale, on parvient enfin au jardin que l'on voyait depuis le ciel. Ce petit havre de paix, connecté à la cathédrale par une porte, offre une vue inédite sur l'édifice. Il est bordé par des vitraux provenant de l'église des Dominicains et par une jolie chapelle de style Louis XVI servant à l'office des prêtres du séminaire. En son centre trône fièrement un puits gothique de 1464. Un endroit idyllique empreint de spiritualité.

Adresse 2 rue des Frères, 67000 Strasbourg | **Accès** Depuis le parvis de la cathédrale, longer le côté gauche de l'édifice jusqu'à la rue des Frères | **À savoir** La bibliothèque ouvre ses portes à quelques rares occasions : lors de visites guidées sur demande (bibliotheque@grandseminaire.alsace) et chaque année pour une vente de livres.

49 Le grenier d'abondance

Pour les petits rats ?

Au bout de la place Broglie, à droite de l'Opéra national du Rhin se dresse de façon assez discrète l'un des plus vieux bâtiments de la ville : l'ancien grenier à grains de la cité de Strasbourg ou *Kornspeicher*. La façade en pierre est massive, percée de petites fenêtres en ogive et d'une haute porte en bois. S'il ne reste aujourd'hui qu'une petite partie – environ un tiers – du bâtiment d'origine, restaurée en 2001, on imagine toutefois sans mal à quel point l'édifice pouvait être imposant. Avec ses 131 mètres de long, il était réputé comme le plus important de la vallée du Rhin et pouvait rivaliser avec le célèbre grenier de Nuremberg.

Construit en 1441 à partir des restes de l'enceinte du *castrum* romain, le grenier d'abondance servait à stocker les réserves de grains de la ville libre pour se prémunir en cas de famine ou de siège. Les stocks étaient constitués par des contributions des seigneurs et des bourgeois décidées en fonction de leur fortune, complétés par des achats effectués à l'extérieur de la cité et gérés avec grand sérieux par le *Kornmeister*, le maître des grains. Ce dernier était un personnage important de la ville, membre du conseil des XXI avec qui il suivait l'évolution des cours des grains. Les stocks pouvaient nourrir toute la population pendant une année si nécessaire et ils étaient conservés dans des conditions exceptionnelles. Au XVIIIe siècle, on retrouvait encore des grains récoltés en 1525, de l'avoine de 1560 et du blé de 1591 !

Le rôle du grenier d'abondance devint toutefois progressivement obsolète avec l'intégration de la ville dans le royaume de France. La partie nord fut rasée en 1768 puis la partie centrale en 1805 pour faire de la place à la reconstruction du théâtre à la suite de l'incendie en 1800. Le grenier à grains est désormais une annexe de l'Opéra national du Rhin qui y a installé son atelier de couture et une salle de répétition.

Adresse 19 place du petit Broglie, 67000 Strasbourg | Transports en commun Tram B/C/D/E/F, arrêt République puis prendre le quai Lezay-Marnesia | À savoir Au bout de la place du Petit-Broglie se trouve une statue de Lezay-Marnesia, ancien préfet du Bas-Rhin très apprécié, qui a profondément développé les infrastructures et les cultures (tabac, betterave…) du département.

50_Les Haras

Dans la cour des grands

On a longtemps pu entendre le bruit des sabots et le hennissement des chevaux à l'arrière de l'hôpital civil. Une porte monumentale vient nous rappeler la destination initiale du lieu : « Haras national ». Le nom est chargé d'histoire.

Celle-ci commence en 1749, lorsque la ville fait l'acquisition d'un immeuble pour y installer une école d'équitation. En 1756, elle est cédée au roi de France Louis XV. À la demande insistante du marquis d'Argenson, elle est modifiée et agrandie pour devenir une institution où le cheval est roi. Devenu Haras national après la Révolution, le lieu continue d'élever les chevaux jusqu'à son déclin dans les années 60. En 2005, les équidés quittent définitivement les Haras après avoir foulé ce sol pendant plus de 250 ans.

Ce sont le professeur Marescaux et l'IRCAD qui rénovent finalement les lieux pour accueillir des chirurgiens du monde entier venus se former à Strasbourg. Chevaux et palefreniers laissent ainsi la place à un hôtel, un « *biocluster* » pour start-up de l'univers médical et une brasserie. La discrète porte pour y accéder mène dans la cour centrale où un imposant cheval en bronze accueille les visiteurs.

La brasserie, installée dans l'ancienne écurie, a su remarquablement dompter les lieux. Dès l'entrée, le regard est attiré par un escalier monumental qui exprime le mouvement tout en donnant l'impression que la charpente s'est affaissée et ouverte. À l'étage, une yourte en cuir peut accueillir une vingtaine de convives dans un esprit feutré. Des poufs en forme de selle de cheval au grand miroir rappelant le manège – les clins d'œil équins y sont nombreux. Le bois, le cuir et le métal confèrent à l'établissement une ambiance chaleureuse qui permet d'apprécier la carte raffinée et abordable élaborée par Marc Haeberlin, le chef doublement étoilé de l'Auberge de l'Ill. La brasserie est d'ailleurs particulièrement prisée des stars de passage.

Adresse 23 rue des Glacières, 67100 Strasbourg | **Accès** Depuis la station Porte-de-l'Hôpital, longer le quai Saint-Nicolas puis emprunter la rue du Dragon jusqu'à La Choucrouterie. Prendre ensuite la rue Sainte-Élisabeth jusqu'au bout | **Horaires d'ouverture** Tous les jours de 12 h à 14 h et de 19 h à 22 h | **À savoir** Le cuir utilisé pour la yourte de l'étage provient de la tannerie Haas qui fournit, entre autres, Hermès.

51 La Haute École des arts du Rhin

Mosaïque artistique

« Il faut en convenir, Strasbourg n'est pas une ville d'art. » C'est le constat fait par le président des Amis des arts de Strasbourg en 1883 et largement partagé par les autorités allemandes après l'annexion de l'Alsace. Plusieurs initiatives émergèrent alors pour encourager la renaissance artistique dans la région, à commencer par la création en 1887 du musée des Arts décoratifs. Si Auguste Schricker, son fondateur, a fait transformer l'école des artisans, il manquait toutefois une institution de formation artistique à Strasbourg.

Ainsi naît l'École des arts décoratifs en 1890 sous la direction de l'artiste Anton Seder, l'une des figures allemandes de l'Art nouveau. Pour l'héberger, la ville de Strasbourg fait construire de nouveaux locaux à l'emplacement de l'ancien jardin botanique, transféré peu avant dans le nouveau quartier universitaire. Conçu par l'architecte Johann-Karl Ott, le bâtiment sobre et fonctionnel est inauguré en 1892. Sa grande façade en brique jaune arbore de magnifiques mosaïques en céramique imaginées par Anton Seder et réalisées par Léon Elchinger, ancien élève de l'école. Elles évoquent l'architecture, la peinture et la sculpture grâce à la géométrie, l'archéologie et la science, connaissances essentielles à l'art. On retrouve également des motifs floraux, l'une des thématiques centrales de l'Art nouveau.

L'école a vu quelques grands artistes passer par ses ateliers tels Jean Arp, qui réalisa le ciné-bal de l'Aubette, ou Hans Haug, le fondateur du musée de l'Œuvre Notre-Dame. Devenue Haute École des arts du Rhin (HEAR) en 2011, elle perpétue la tradition d'un enseignement artistique pratique et de haut niveau favorisant la porosité et la synergie des arts. Envie d'avoir un aperçu ? Rendez-vous à La Chaufferie, la galerie d'exposition de l'école qui accueille de nombreuses expositions en lien avec les disciplines enseignées.

Adresse HEAR : 1 rue de l'Académie, 67000 Strasbourg, La Chaufferie : 5 rue de la Manufacture-des-Tabacs, 67000 Strasbourg | **Transports en commun** Tram C/E/F, arrêt Gallia. L'école se situe derrière les bains municipaux | **Horaires d'ouverture** La Chaufferie : les vendredis, samedis et dimanches de 14 h à 18 h lors d'événements artistiques et d'expositions et sur rendez-vous | **À savoir** Dans le jardin se trouve le seul monument aux morts de la ville en l'honneur des victimes du siège de Strasbourg en 1870.

52_HH Services

La carrosserie est un art

Entre le canal du Rhône au Rhin et le jardin des Deux-Rives se cache une curieuse zone industrielle. Une fois le portail franchi, elle aurait presque des allures de village. Au fond de la ruelle, on découvre d'étranges œuvres d'art métalliques et de vieilles voitures. HH Services n'est assurément pas une carrosserie comme les autres : on n'y vient pas pour réparer les bobos du quotidien de sa voiture, mais pour redonner vie à des véhicules anciens comme cette rutilante Peugeot 203 garée devant le bâtiment.

Les clients viennent de Belgique, d'Allemagne ou de toute la France pour confier leur véhicule à Hubert Haberbusch. Installé depuis 1976, le carrossier n'est pas seulement un artisan, il est un véritable artiste. Ce ne sont pas tant les voitures qui passent par son atelier qui le passionnent, mais le plaisir du geste : travailler le bois, façonner le métal pour restaurer des véhicules mythiques. Il aime aussi transmettre ses connaissances à ses apprentis et compagnons. Avec beaucoup de bienveillance, Hubert Haberbusch les encourage à se lancer, à perpétuer ce savoir-faire, voire à reprendre le flambeau.

Dans son bureau, les plus belles réalisations de l'artisan carrossier s'affichent sur son *wall of fame*, ou « mur de la gloire ». Un magnifique prototype Bugatti côtoie une non moins sublime Pegaso, qu'il a entièrement retapé avec son équipe pour la cité de l'Automobile de Mulhouse. Loin des carrosseries industrielles et du monde des affaires, Hubert Haberbusch cherche à perpétuer un savoir-faire unique qui se rapproche d'une démarche artistique. En 2007, HH Services a d'ailleurs obtenu le label Entreprise du patrimoine vivant. Dix ans plus tard, le carrossier est devenu « Maître d'art », une première dans l'automobile ! Il cherche désormais à faire inscrire la carrosserie française à l'inventaire du patrimoine immatériel de la France et de l'Unesco.

Adresse 2 rue du Rhin-Napoléon, 67000 Strasbourg | **Accès** En voiture, prendre la route du Petit-Rhin direction Offenbourg. À vélo, prendre la piste cyclable qui descend sous la voie ferrée après le pont Vauban. Franchir ensuite le portail et longer les locaux de Sermes | **Horaires d'ouverture** Du lundi au vendredi de 9 h à 12 h et de 13 h 30 à 18 h | **À savoir** En face de la carrosserie, l'atelier d'artistes Zone d'art propose un espace d'exposition et ouvre ses portes une fois par an au cours d'un week-end festif.

53_Les Highland Cattle

Tondeuses écossaises et écologiques

À l'entrée de la forêt de la Robertsau, les promeneurs peuvent tomber nez à nez avec de drôles de vaches aux grandes cornes dressées, aux longs poils légèrement ondulés et à la frange rebelle. D'habitude, cette race rustique vit sur les hautes terres d'Écosse, d'où elle tire son nom. Il y a bien un château à la Robertsau, mais nous sommes bien loin des mythiques demeures écossaises. Que peuvent bien faire ces vaches ici ? En Écosse, elles ont l'habitude de pâturer dans les vastes étendues d'herbes et de landes, ce qui en fait d'excellentes alliées pour entretenir les prés de façon écologique.

C'est dans cet esprit d'éco-pastoralisme que la ville de Strasbourg a fait venir ces Highland Cattle, pour brouter l'herbe de cet ancien champ de maïs. Les avantages sont nombreux, tant sur le plan économique qu'écologique. Le recours aux animaux pour entretenir les espaces naturels permet en effet de réduire les déchets, d'assurer une fertilisation naturelle des sols et de favoriser la biodiversité. Il aide également la création de liens avec des éleveurs locaux et encourage le développement de circuits courts.

D'autres espèces participent à l'entretien des espaces naturels strasbourgeois. Sur l'île du Rohrschollen, c'est un troupeau de brebis qui se charge des 30 hectares de prairies alluviales jusqu'alors fauchées mécaniquement. En ville, la SNCF a également fait appel à des moutons pour brouter l'herbe entre les voies ferrées et la place de Haguenau. Du côté du jardin des Deux-Rives, ce sont les chevaux du centre équestre voisin qui sont parfois mis à contribution. Une bonne façon pour les Strasbourgeois de rester connectés à la nature et, peut-être, d'avoir envie de pousser les portes de la ferme Bussière ? Cette ancienne dépendance du château de Pourtalès a été reconvertie en 2003 en centre d'initiation à la nature et à l'environnement. Il propose des activités, des ateliers et des événements pour sensibiliser les scolaires et le grand public.

Adresse Forêt de la Robertsau, 67000 Strasbourg | **Accès** Les Highland Cattle se trouvent à la croisée du chemin qui mène à la ferme Bussière et du chemin qui mène au parc de Pourtalès | **À savoir** Juste à côté se trouve l'île des Tarpans où des chevaux d'une race préhistorique vivaient en liberté. Le dernier est malheureusement décédé en novembre 2019.

54 L'Homme de fer

Il veille sur les voyageurs

La place de l'Homme-de-Fer a toujours été un carrefour, un lieu de passage et de rencontre presque incontournable dans le centre-ville de Strasbourg. Elle est même devenue le centre névralgique de la ville depuis la réapparition du tramway en 1994 où, pour l'occasion, elle s'est coiffée d'une rotonde en verre lui donnant un air futuriste. Aujourd'hui, cinq lignes de tram se croisent ici et la station est la première en termes de tickets vendus. Mais si des milliers de passagers, cyclistes et piétons la traversent chaque jour, peu connaissent l'origine de son nom, qui intrigue la plupart des visiteurs.

Il suffit de lever un peu la tête en regardant la pharmacie installée au numéro 2 pour avoir un indice. On y découvre à l'angle de la façade un soldat en armure qui semble garder sérieusement la place. Il est le fruit de l'imagination assez fertile d'un certain François Hilbert pour mettre en valeur son commerce. L'homme était en effet « forgeron d'armes » et tenait une armurerie au rez-de-chaussée. À partir d'éléments d'armures disparates, il fabriqua un homme en armure grandeur nature représentant un sergent de patrouille municipale de la fin du XVIe siècle qu'il fixa à sa façade en 1749. L'enseigne donna alors le nom d'homme de fer à la place à partir du XVIIIe siècle.

En 1870, l'Homme de fer se retrouva à terre à la suite des bombardements prussiens et devint, sous l'Empire allemand, le symbole de Strasbourgeois autonomistes face à un autre mouvement protestataire représenté, quant à lui, par un renard prêchant, coiffé d'un casque à pointe. Une copie en fer blanc a remplacé la version originale qui a été exposée dans la section allemande de l'Exposition universelle de Paris en 1900 et est aujourd'hui visible au Musée historique de Strasbourg. La place de l'Homme-de-Fer reste bien gardée par cet insolite soldat avec sa hallebarde et son casque espagnol.

Adresse 2 place de l'Homme-de-Fer, 67000 Strasbourg | Transports en commun Tram A/B/C/D/F, arrêt Homme-de-Fer | À savoir L'application « Ligne de ville », disponible sur smartphones, permet de découvrir Strasbourg à travers ses lignes de tram avec des anecdotes et des vidéos d'archives.

55_L'hôtel Hannong

De la faïencerie réputée au rooftop prisé

Avec son bar à vin aux crus remarquables et sa terrasse en *rooftop*, l'hôtel Hannong offre un cadre aussi rare qu'agréable en plein cœur de Strasbourg. Fondé dans les années 20 par les frères Horn sur le site d'une ancienne faïencerie dont il a conservé le nom, l'établissement mêle avec beaucoup de style et de charme les différents épisodes de son histoire.

Cette histoire commence dès le XVIIIe siècle avec l'installation de la manufacture de la famille Hannong, l'une des faïenceries les plus réputées et influentes d'Europe. Elle était particulièrement prisée par la noblesse et la haute société pour la qualité de sa production et la finesse de ses décors, exécutés par des peintres talentueux – la *Markgräfin* de Bade, Sibylla Augusta, y commande un service pour sa résidence, tout comme le prince-évêque de Cologne en 1751 pour son pavillon de chasse. En France, Paul Hannong perce le premier le secret de la porcelaine dure mais il est contraint, en 1755, de délocaliser sa production dans le Palatinat voisin face au monopole instauré par la Manufacture royale de Vincennes. Arrivé aux commandes de l'entreprise en 1762, son fils Joseph revend la manufacture de porcelaine de Frankenthal pour se concentrer sur la qualité picturale des décors de la faïencerie strasbourgeoise. Criblé de dettes, il fait faillite en 1781 et les manufactures sont liquidées 3 ans plus tard.

Les copies exposées en permanence dans le hall et les salons de l'hôtel témoignent de l'importance de cet héritage. La faïence des Hannong y côtoie une grande fresque qui rappelle l'épopée des frères Horn et leurs liens avec le milieu artistique strasbourgeois des années 30. Propriétaires d'une aile de l'Aubette, ils font appel à Sophie Taeuber-Arp, Jean Hans Arp et Theo van Doesburg pour décorer le ciné-bal. La collection de ces amateurs d'art a d'ailleurs permis la création du musée d'Art moderne de Strasbourg.

Adresse 15 rue du 22-Novembre, 67000 Strasbourg | **Transports en commun** Tram A/B/C/D/F, arrêt Homme-de-Fer | **Horaires d'ouverture** Bar à vin ouvert tous les jours de 18 h à 1 h ; terrasse ouverte de 17 h à 21 h | **À savoir** Le musée des Arts décoratifs présente une importante collection de faïences de la famille Hannong et le Musée historique possède l'une des rares pièces en porcelaine dure réalisée à Strasbourg par Paul Hannong.

56_L'île Gutenberg

Qui a inventé l'imprimerie ?

Né à Mayence vers 1400, Johannes Gutenberg a fui la lutte entre noblesse et corporation dans sa ville natale pour trouver refuge à Strasbourg. À cette époque, la ville rayonnait, puisqu'elle était au paroxysme de sa puissance, et l'épicentre de la chrétienté. Comme un symbole, Jean Hültz termine la flèche de la cathédrale en 1439. La ville libre bénéficiait de capitaux importants et d'artisans chevronnés. Le terreau était donc particulièrement propice à l'innovation.

Si l'incendie de la bibliothèque lors du siège prussien de 1870 a effacé de nombreuses traces du passage de Gutenberg, quelques éléments nous sont quand même parvenus, notamment grâce à l'historien Schoepflin (1694-1771). On sait, par exemple, qu'il était présent à Strasbourg au moins depuis 1434 et probablement dès 1428, qu'il vivait autour du couvent Saint-Arbogast à la Montagne verte et qu'un procès l'opposa en 1439 aux héritiers d'Andreas Dritzehn, l'un de ses associés. Dans le compte-rendu de l'affaire, il est question de plomb fondu, de poinçons et d'une mystérieuse presse démontée à la hâte pour que personne ne puisse en connaître l'usage. Il est donc probable que Gutenberg et ses associés aient mis au point la technique de presse mécanique à caractères mobiles métalliques à Strasbourg.

Gutenberg quitte la ville en 1444, criblé de dettes et mis en cause dans de nombreuses affaires judiciaires. De retour à Mayence en 1448, il finalise son invention grâce à l'aide financière du riche banquier Johann Fust et achève, en 1455, l'impression des 180 premiers exemplaires de sa célèbre Bible à 42 lignes. Trois ans plus tard, c'est un autre imprimeur strasbourgeois, Jean Mentel, qui amorce sa production. Les deux hommes occupaient autrefois les mêmes locaux près de la cathédrale. Grâce à l'imprimerie, Strasbourg deviendra un lieu majeur de diffusion de la culture, et l'un des berceaux de la réforme protestante et de l'humanisme rhénan.

Adresse Rue des Imprimeurs, 67200 Strasbourg | **Transports en commun** Tram B/F, arrêt Elsau puis remonter la rue Léon-Hornecker, traverser la rue de la Montagne-Verte et prendre la rue des Imprimeurs jusqu'à la passerelle en bois. Petit parking présent pour les voitures | **À savoir** Jusqu'en 1939, les travailleurs du livre venaient rendre hommage à leur maître en se rendant en bateau jusqu'à cette île le 24 juin, fête de la Saint-Jean.

57 L'îlot de la Meinau

À la cueillette des fraises

À Strasbourg, il est inutile de prendre la voiture pour se sentir à la campagne. L'agriculture occupe encore aujourd'hui une part importante de la surface de l'Eurométropole, avec un tiers du territoire qui y est dédié. Que font pousser les agriculteurs strasbourgeois ? Essentiellement des céréales, en périphérie de la ville. Et si la culture maraîchère y est encore peu présente, elle tend toutefois à se développer grâce à des projets populaires.

À quelques pas du stade de la Meinau, Claire et Geoffrey Andna ont installé en 2014 leur ferme urbaine qui s'étend sur 10 hectares. Ici, les bouchers faisaient autrefois paître les animaux avant de les emmener à l'abattoir à côté du pont du Corbeau. Aujourd'hui, les citadins peuvent venir y acheter des fruits et légumes issus de l'agriculture raisonnée, et même y cueillir des fraises avec vue sur la cathédrale. Le principe est simple : muni de votre plus beau panier, d'une barquette ou tout simplement d'un seau que vous faites peser à la boutique, vous partez à travers champs en suivant les panneaux jusqu'aux plantations. La cueillette est très facile et amuse beaucoup les enfants. On leur apprend à différencier les fraises mûres et celles qui méritent de rester encore un peu dorer au soleil. Une fois les contenants pleins, retournez à la boutique pour peser votre récolte. Difficile de faire un circuit plus court.

Au-delà des fraises, Claire et Geoffrey proposent également dans leur magasin des asperges, des tomates, des patates douces, des salades ou encore des courges issues de leur exploitation. La gamme s'étoffe avec des produits locaux comme la bière Perle voisine, le chocolat de chez Bockel ou une très belle sélection de fromages à la coupe. Ils proposent enfin un service de point de retrait très pratique. Pour l'ensemble de leur démarche, les agriculteurs ont obtenu un trophée régional agricole et viticole et un prix national récompensant la dynamique agricole en 2019.

Adresse 36 route de la Fédération, 67100 Strasbourg | **Transports en commun** Tram A, arrêt Krimmeri – Stade-la-Meinau puis marcher une dizaine de minutes direction Déchetterie ou Lycée-Couffignal | **Horaires d'ouverture** À consulter sur leur site internet www.lilotdelameinau.fr | **À savoir** La cueillette de fraises se fait essentiellement en juin. Guettez l'ouverture sur le site internet ou la page Facebook de l'îlot de la Meinau.

58 L'immeuble Müller-Simonis

Un Alsacien bien assis

Qu'il est bon parfois de marcher le nez en l'air et de se faufiler dans les petites rues ! On découvre alors des détails qui nous auraient échappé autrement. C'est le cas dans la rue Saint-Léon, derrière le tribunal de grande instance et l'église catholique de Saint-Pierre-le-Jeune. Approchez-vous de l'immeuble situé au numéro 5 et levez le nez. Prenez peut-être aussi un peu de recul. Vous apercevrez alors sous le fronton de l'immeuble un homme assis sur une pile de livres. Il est coiffé d'un tricorne et porte un costume traditionnel alsacien avec un gilet à boutons, un foulard et des guêtres. Il tient dans sa main une canne. Que peut-il bien faire là ?

Cet Alsacien est tout simplement l'emblème d'un journal aujourd'hui disparu, *Le Nouvel Alsacien* ou *Der Elsässer*. Fondé en 1885, le quotidien chrétien bilingue a été un fervent défenseur de l'humanisme rhénan et du particularisme alsacien jusqu'à sa disparition en 1986. Il a su se faire une place dans le paysage médiatique alsacien grâce à l'abbé Paul Müller-Simonis.

Ce fils d'industriel du textile et héritier d'une riche famille de banquiers a choisi la voie de l'Église plutôt que de succéder à son père à la tête de l'entreprise familiale. Après avoir été ordonné prêtre à Rome en 1886, il fait le tour du monde pendant trois ans puis s'installe à Strasbourg où il s'engage dans la vie politique et caritative grâce à sa fortune. Il devient le principal actionnaire du journal et en sera le directeur de 1892 à 1918. Paul Müller-Simonis fait alors construire cet immeuble par l'architecte Eugène Dacheux, entre 1893 et 1895, pour y installer sa résidence principale et l'imprimerie du journal. Cette double fonction explique l'origine de ces deux curieuses portes d'entrée en façade. Le bâtiment héberge encore aujourd'hui Caritas Alsace, la fondation caritative catholique qu'il a créée en 1903.

Adresse 5 rue Saint-Léon, 67000 Strasbourg | **Accès** Depuis la place des Halles, suivre le quai Kléber jusqu'à l'église catholique Saint-Pierre-le-Jeune ou suivre la rue du Maréchal Foch depuis la place de la République | **À savoir** Le premier journal imprimé au monde l'a été à Strasbourg en 1605. *Relation* a été réalisé par Johann Carolus dans un immeuble encore présent au croisement des rues des Serruriers et des Cordonniers.

59 L'invention de Georges Frédéric Strass

Une idée brillante

Comme les pies, nous sommes attirés par tout ce qui brille. Mais si pour l'oiseau, cet attrait relève de la légende rurale, ce serait un instinct primitif pour les humains. L'origine remonte à notre besoin vital de l'eau, selon une étude publiée par l'université de Gand dans le *Journal of Consumer Psychology*. De là découle un attrait irrésistible pour les choses brillantes que nous avons peu à peu associées à la richesse et au luxe. Durant le XVIIIe siècle, le roi Louis XIV et sa cour à Versailles aimaient se parer de leurs plus belles pierres ; le diamant était l'une des plus prisées, mais il restait rare et cher.

Vers 1730, le Strasbourgeois Georges Frédéric Strass a l'idée d'augmenter la teneur en plomb du cristal et d'y ajouter du bismuth et du thallium. Le résultat donne un cristal plus dur que le verre, aisément façonnable et doté d'excellentes qualités de réfraction de la lumière. Nommée « pierre du Rhin », son invention imite parfaitement le diamant. En y ajoutant des sels métalliques, il parvient même à obtenir des aspects d'émeraude, de rubis ou de saphir. Son invention rencontre un succès tel qu'il est nommé joaillier du roi Louis XIV à partir de 1734. Devenue « pierre de Strass » à partir de 1746, elle ne fait toutefois pas que des heureux, à l'instar de la comtesse de Genlis qui regrette que le luxe devienne « à la portée de tout le monde ».

Strass décède le 22 décembre 1773 à la tête d'une fortune considérable. Son cristal imitant des pierres précieuses est aujourd'hui utilisé partout, des bijoux fantaisie aux vêtements en passant par des objets de décoration. À Strasbourg, il ne reste guère de trace du joaillier. Seule subsiste, quai des bateliers, la maison où il fit son apprentissage de 1714 à 1719 chez le grand orfèvre Abraham Spach. Il revenait également souvent rendre visite à son frère qui vivait dans l'immeuble à colombages voisin.

Adresse 24 quai des bateliers, 67000 Strasbourg | **Transports en commun** Tram A/D, arrêt Porte-de-l'Hôpital ; Tram C/E/F, arrêt Gallia | **À savoir** À quelques mètres de là se trouve le restaurant étoilé 1741, nommé ainsi en référence à l'année d'achèvement du palais Rohan situé juste en face.

60_Le jardin botanique

Ambiance tropicale

En plein cœur de l'Esplanade, le jardin botanique fait partie de ces lieux un peu cachés et pourtant très surprenants de la ville. Créé en 1619 au sein de l'université de Strasbourg puis installé en 1884 par les Allemands derrière le Palais universitaire, le jardin abrite aujourd'hui plus de 6 000 espèces de plantes. On peut les découvrir librement en se promenant dans le parc de 3,5 hectares à travers des parcours thématiques fléchés comme le sentier des centenaires, les arbres remarquables ou encore les plantes menacées. On peut aussi tout simplement venir flâner dans les allées et observer les fleurs, les aromates ou les grenouilles. Le temps s'arrête alors et l'on oublie vite que l'on est à Strasbourg.

Le jardin botanique possède plusieurs serres pour protéger certaines plantes du climat alsacien. Deux d'entre elles sont assez particulières. À l'origine appelée « serre Victoria », une serre vitrée à douze côtés est dédiée à la culture du nénuphar géant d'Amazonie (l'espèce *Victoria regia*) et de quelques autres plantes aquatiques tropicales. Elle est le seul vestige des serres construites dans le jardin par l'architecte Hermann Eggert à l'époque allemande, et aujourd'hui la seule du XIXe siècle de ce type en France. La serre a été rebaptisée « serre de Bary » dans les années 80 en l'honneur du premier directeur du jardin après l'annexion. Elle est classée monument historique depuis 1990.

La seconde serre singulière du jardin nous offre un voyage sous les tropiques tout à fait dépaysant. En effet, l'air y est chaud et très humide. La visite est d'autant plus surprenante en hiver quand la température extérieure est négative. Haute de 12 mètres, cette serre abrite plus de 450 espèces poussant de part et d'autre de l'équateur. On y retrouve des palmiers, des bananiers, des plantes carnivores et le mimosa à feuilles sensitives. Cette plante très pudique n'aime pas qu'on la touche.

Adresse 28 rue Goethe, 67000 Strasbourg | **Transports en commun** Tram C/E/F, arrêt Université | **Horaires d'ouverture** Du 1er mars au 23 décembre, horaires sur le site du jardin botanique | **À savoir** Un saule blanc a été planté dans le jardin en 2003 en hommage au chimiste strasbourgeois Charles-Frédéric Gerhardt qui réussit en 1853 à synthétiser l'acide acétylsalicylique et donner naissance à l'aspirine.

61 Le jardinet gothique

Comme un air de paradis

Au milieu des colosses de pierre qui bordent la place du Château, il est bien difficile de s'imaginer un petit écrin de nature. Il suffit pourtant de se rendre dans l'un des angles de la place pour trouver un petit passage discret, presque secret, qui mène jusqu'à la rue du Maroquin en nous faisant passer derrière le 5e Lieu. Là, on se retrouve plongé dans un havre de paix naturel loin du tumulte du parvis de la cathédrale. On a même le sentiment de remonter le temps, et de se retrouver en plein Moyen Âge.

À cela rien d'anormal : on longe un jardinet conçu en 1937 par Hans Haug au pied de l'hôtellerie du Cerf pour perpétuer la tradition des jardins alsaciens traditionnels du Moyen Âge. Le fondateur du musée de l'Œuvre Notre-Dame s'est inspiré des œuvres (tableaux, gravures, illustrations) et de la littérature de l'époque pour reconstituer ce joli jardin gothique mêlant plusieurs périodes et plusieurs thématiques. Il s'est appuyé notamment sur les préceptes du XIIIe siècle du dominicain Albert le Grand pour l'agencement botanique du jardin.

Respectant la symbolique chrétienne et le chiffre trois de la Trinité, les plantes y sont réparties en neuf carrés : trois pour les plantes ornementales (aster d'été, mauve ou rose de Provence), trois pour les plantes médicinales (menthe, rose de Noël ou chélidoine) et trois pour les plantes aromatiques et condimentaires (sauge, fenouil, raifort). Elles sont accompagnées de nombreux éléments empruntés aux œuvres du XVe siècle comme les pots de fleurs crénelés semblables à ceux du tableau du *Paradiesgärtlein* exposé au musée, d'un petit ruisseau sinueux ou encore d'une stèle en grès rose installée en 1988 par l'artiste Ian Hamilton Finlay, intitulée *Les Cimetières des naufragés*. Le jardinet est enfin entouré par un ensemble de dalles funéraires gothiques dont la plus remarquable est celle de Louis V de Lichtenberg.

Adresse Musée de l'Œuvre Notre-Dame, 3 place du Château, 67000 Strasbourg | **Transports en commun** Tram A/D, arrêt Langstross – Grand'Rue | **Horaires d'ouverture** Du mardi au dimanche de 10 h à 18 h | **À savoir** Consacré au Moyen Âge et à la Renaissance en Alsace, le musée de l'Œuvre Notre-Dame nous fait découvrir les splendides dessins d'architecture de la cathédrale et nous permet de gravir sa flèche grâce à la réalité virtuelle.

62 Le kiosque d'Omnino

Un barista qui vous veut du bien

Sur les hauts plateaux du Vietnam, les caféiers apprécient la chaleur et l'humidité tropicales. Certains de leurs grains, sélectionnés avec soin, ont traversé la Terre pour se retrouver à Strasbourg, près de la rue du Vieux-Marché-aux-Vins. L'esprit des plantations vietnamiennes plane presque au-dessus de ce drôle de kiosque en forme d'obus. Pas question toutefois d'y cultiver le café, et encore moins de le boire. Ce petit kiosque a la grande ambition de vous le faire déguster à sa juste valeur.

Mais cette tâche est immense ! Trop amer ou trop brûlé, le café français a la réputation d'être l'un des pires au monde. Nos palais se sont habitués à un café « de commodité ». C'est en tout cas le constat de François, l'un des fondateurs de la micro-brûlerie Omnino, après avoir parcouru le monde. À Singapour, en Australie ou au Vietnam, il a découvert les véritables saveurs du café et s'est donné pour mission de redonner ses lettres de noblesse à l'une des boissons les plus consommées en France.

Pour y parvenir, l'équipe de la micro-brûlerie strasbourgeoise s'est lancée à partir de l'été 2017 dans une démarche globale et passionnée allant de la sélection des producteurs, à la préparation du café, en passant par l'incontournable étape de torréfaction. À bord d'une vieille camionnette Citroën convertie en café itinérant, Omnino est allée à la rencontre des gens. Puis, elle a posé ses sacs de café dans le centre-ville de Strasbourg : d'abord à l'Escabeau, sa petite boutique rue des Drapiers, puis dans cet ancien kiosque à fleurs place Saint-Pierre-le-Vieux.

Après avoir fait torréfier ses grains à Paris, la petite entreprise a investi dans son propre atelier de torréfaction pour maîtriser sa chaîne de production. Elle y développe une gamme riche de cafés « de spécialité » dont un insolite café infusé à froid. Servi glacé, il surprendra assurément votre palais avec ses arômes de fruits tropicaux.

Adresse 1 place Saint-Pierre-le-Vieux, 67000 Strasbourg | **Transports en commun** Tram B/F, arrêt Ält-Winmärik | **Horaires d'ouverture** Du mardi au samedi de 9 h 30 à 15 h 30 | **À savoir** Le chocolatier strasbourgeois Erithaj élabore son chocolat à partir de fèves de cacao du Vietnam et collabore avec Omnino pour lui faire bénéficier de sa filière d'approvisionnement local.

63_Les Cognées

Plutôt bûcheron ou indien ?

Vous avez l'âme d'un bûcheron ? Pour le savoir, nul besoin de se rendre dans les bois ou d'enfiler votre plus belle chemise à carreaux. Dans ce hangar de Hautepierre, on peut s'amuser à lancer des haches.

Ici, les cibles en bois s'alignent, chacune au bout d'un couloir de 4 mètres grillagé. Sur la table, une hache est posée. Avec sa petite taille, elle n'est clairement pas indiquée pour aller couper du bois. Mais elle est légère et se prend bien en main. Une fois le bout de l'objet bien en main, il faut maintenant lever le bras jusqu'à former un angle à 90 ° puis le dérouler vers le bas. Lorsqu'il est à l'horizontale, c'est le moment de relâcher la hache vers la cible en visant le centre. La technique est simple et expliquée à chaque joueur avant de commencer. Dans la pratique, la hache finit d'abord souvent par terre, dans les copeaux de bois. Puis le geste devient plus sûr, plus précis, car le joueur progresse rapidement. Après quelques tentatives, la hache touche enfin la cible dans un bruit sourd.

Insolite et atypique, cette activité nous vient du Canada où elle se pratique depuis une dizaine d'années. C'est là-bas que Thomas Morel, le fondateur des Cognées, a découvert le concept et eu l'idée de l'introduire en France. Avant de se lancer, il s'est formé auprès du champion du monde français de lancer de hache, Pierre Cazoulat. Puis il a imaginé des règles du jeu simples et ludiques inspirées des fléchettes, du Mölkky ou du jeu de tir « Lucky Luke » en basket. Le premier centre a ouvert en 2017 à Paris, suivi par Lille et Strasbourg en septembre 2018.

Après le lancer de haches, Les Cognées ont lancé un autre concept amusant et dans la même philosophie : l'*Archery Tag*. Il faut ici utiliser un arc et des flèches au bout en mousse pour défendre une zone ou toucher les autres participants. Si l'activité est physique et amusante, elle est aussi moins douloureuse et salissante que le paintball.

Adresse 9 bis rue Alexandre-Dumas, 67200 Strasbourg | **Transports en commun** Tram A/D, arrêt Dante ; Tram D, arrêt Paul-Eluard | **Horaires d'ouverture** Du mardi au vendredi, de 15 h à 21 h, et le samedi de 14 h à 21 h | **À savoir** La zone de loisirs accueille d'autres activités intérieures amusantes comme Plumy Park, une aire de jeux pour les enfants et les murs d'escalade de Block'Out.

64_Les Flamboyants

L'art urbain décolle

Autrefois vu comme une dégradation de l'espace public, l'art urbain se fait peu à peu une place à Strasbourg. Si la capitale européenne est encore loin des références en la matière que sont Cologne, Berlin, Paris ou encore Bristol – la ville de l'artiste Banksy –, la dynamique est néanmoins lancée. Elle l'a été d'abord de façon clandestine sous l'impulsion d'artistes comme Dan23, Stom500 ou Jaek El Diablo puis par des initiatives plus officielles comme en 2016, lorsque l'Eurométropole lance #CultureTri pour habiller ses conteneurs à verre ou plus récemment encore lorsque le musée d'Art moderne de Strasbourg a fait appel au collectif new-yorkais FAILE pour réaliser une fresque magistrale pour ses 20 ans.

Depuis, les œuvres et les projets fleurissent. Après les conteneurs à verre, ce sont les boîtes postales et les coffrets électriques qui se parent de couleurs et de dessins originaux représentant Gandhi, *Jean de la Lune* ou *Star Wars*. D'autres artistes s'illustrent à leur manière comme le mystérieux SupaCat et ses collages de petits chats qui envahissent la ville ou encore Stork et ses cigognes en pixel art.

Le street art investit désormais la ville sur tous les supports : une rue entière avec celle du Jeu-des-Enfants, un hôtel avec le Graffalgar ou encore un restaurant avec le WOW. Strasbourg accueille même depuis 2018 son premier festival d'art urbain contemporain, le festival Colors, qui se tient en marge du festival international des cultures urbaines, le NL Contest.

Comme pour affirmer encore plus haut et fort son ambition dans l'art urbain, Strasbourg inaugurait le 4 avril 2019 son œuvre la plus monumentale. Le street-artiste parisien Astro, très réputé dans le milieu, a égayé le béton de la résidence universitaire « Les Flamboyants » à l'Esplanade avec une fresque couvrant les 450 mètres carrés de la façade d'un jeu de trompe-l'œil géométrique très coloré dont il a le secret.

Adresse 8 rue Jean-Henri-Schnitzler, 67000 Strasbourg | **Transports en commun** Tram F, arrêt Place-d'Islande | **À savoir** La carte interactive et participative StreetArtMap.eu recense les meilleures réalisations de street art et de graffiti dans Strasbourg.

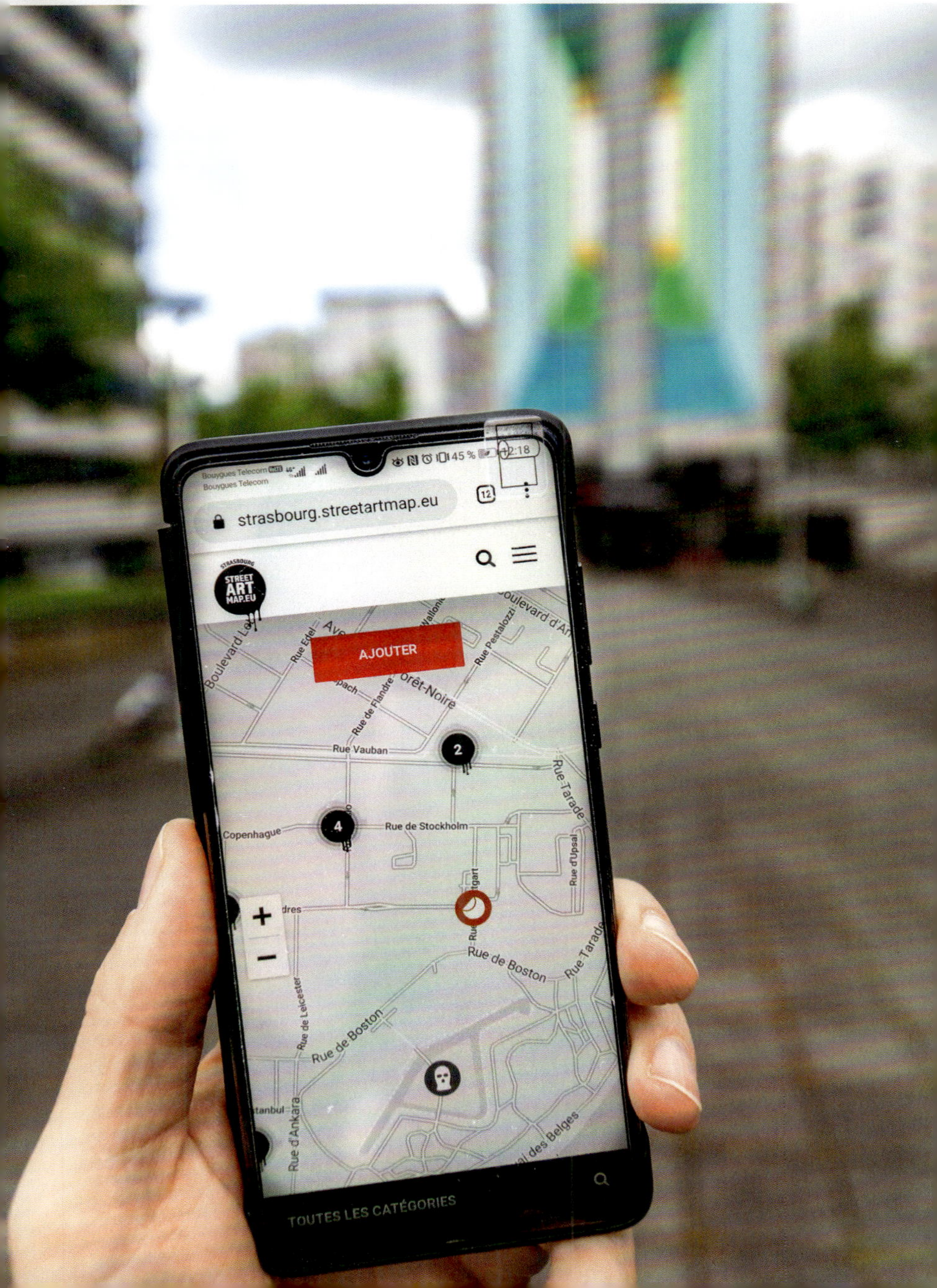

65_Le lycée Oberlin

La découverte de Pasteur

Louis Pasteur est l'un des plus grands scientifiques français. Arrivé à Strasbourg en 1849, le père de la pasteurisation et du vaccin contre la rage y a certainement fait la plus grande découverte de sa vie, et sûrement celle à laquelle il s'attendait le moins.

À cette époque, le jeune chimiste de 26 ans est déjà très en vogue dans les milieux scientifiques. L'université de Strasbourg lui tend les bras en lui proposant un poste de suppléant de la chaire de chimie. Le Jurassien écrit alors : « C'est avec grand plaisir que je vais partir en Alsace. Je pourrai y continuer mes recherches et j'aurai à dispenser un enseignement plus agréable, disposer aussi sans doute d'un laboratoire bien équipé. »

Il pensait vouer sa vie à la science et à sa famille restée du côté d'Arbois, sans aucune intention de se marier. Dès son arrivée à Strasbourg, Pasteur est invité à dîner par le recteur de l'Académie, comme il est d'usage dans le milieu universitaire. À sa table, il fait la connaissance de ses deux filles. L'aînée, Marie, provoque chez lui quelque chose d'inconnu : un coup de foudre ! Après seulement une semaine, il prend sa plume pour demander sa main. Le mariage est célébré le 29 mai 1849 en l'église Sainte-Madeleine. Déjà absorbé par ses recherches, il a d'ailleurs failli manquer la cérémonie. La famille s'agrandit rapidement : trois de ses cinq enfants naissent à Strasbourg.

Pasteur est ensuite nommé doyen de la nouvelle faculté des sciences de Lille en 1854 où il mène ses travaux sur la fermentation. À Strasbourg, l'ancienne Académie devenue aujourd'hui lycée garde une trace de son passage : « Dans cet édifice, siège de l'Académie et des Facultés de Strasbourg avant 1871, se trouvait le laboratoire où Pasteur commença de servir par ses immortels travaux la France, la science et l'humanité », est-il écrit sur le médaillon au-dessus de l'entrée.

Adresse 4 rue de l'Académie, 67000 Strasbourg | **Transports en commun** Tram C/E/F, arrêt Université | **À savoir** Louis Pasteur avait la bougeotte. À Strasbourg, il changea sept ou huit fois de domicile. Entre 1851 et 1853, il vécut au 3 bis rue des Veaux où se trouve une plaque commémorative réalisée par Auguste Patey.

66 La maison « à la Lanterne »

Le bruit des merveilles

Non loin du palais Rohan se trouve une demeure assez originale qui a hébergé l'un des personnages les plus énigmatiques du XVIIIe siècle. Rendez-vous à l'angle de la rue de la Râpe et de la rue des Écrivains. Face à vous, une belle porte ouvragée de style rococo a l'air d'être marquée par le temps. En levant les yeux, votre regard sera vite surpris par les nombreuses fenêtres de la bâtisse, quasiment collées les unes aux autres. Ajoutez-y une source de lumière lorsque la nuit tombe et vous comprendrez aisément son surnom d'« à la Lanterne ». En descendant le long de la rue des Écrivains, vous serez aussi frappé par ce balcon aux jolies ferronneries qui semble interminable, mais débouche finalement sur une Vierge au lys, nichée dans l'arête de la façade. Cet immeuble construit en 1747 raconte déjà à lui seul une belle histoire architecturale, mais il a surtout été rendu célèbre par son occupant.

Au début de l'automne 1780, un personnage énigmatique pose ses valises à Strasbourg. Il s'agit de Joseph Balsamo, un aventurier italien qui a déjà sillonné l'Europe. Il se fait connaître sous le nom de comte Alexandre de Cagliostro. L'homme, non sans un certain bagou et de bonnes connaissances en médecine, se présente comme un guérisseur miraculeux et un alchimiste sacré. Le « bruit de ses merveilles » se propage rapidement en France, notamment auprès du puissant cardinal de Rohan, qui se lie d'amitié avec lui et le place sous sa protection – elle sera salutaire lorsque les médecins de la ville commenceront à douter de ses miracles.

Le charlatan quitte finalement la ville en 1783 avant de se retrouver impliqué peu après dans la célèbre « affaire du collier », une escroquerie qui entacha la reine Marie-Antoinette et le cardinal de Rohan. Expulsé de France en 1786, Cagliostro est condamné plus tard par la justice pontificale pour hérésie. Il termina sa vie en prison et mourut en 1795.

Adresse 12 rue de la Râpe, 67000 Strasbourg | Accès Depuis la place du Château, descendre le long du lycée Fustel de Coulanges jusqu'au bout de la rue de la Râpe | À savoir Combien comptez-vous de fenêtres sur l'immeuble ? Depuis l'angle des deux rues, vous devriez en trouver 60 sans tenir compte des vitrines au rez-de-chaussée et du toit !

67 La maison d'Alfred Marzolff

À l'ombre de Poudlard

En parcourant Strasbourg, vous avez de grandes chances de croiser une œuvre d'Alfred Marzolff. Né en 1867, l'artiste strasbourgeois est l'auteur d'une soixantaine de sculptures, principalement exposées dans sa ville d'origine. Les deux lions qui encadrent les portes de la préfecture ne sont pas sans rappeler un autre lion célèbre : celui de Bartholdi. Les deux hommes ont appris leur art auprès du même professeur, Eugène Dock, également maître de Rodin. Marzolff poursuit ses études de 1881 à 1886 à l'École des arts décoratifs de Strasbourg puis il décroche une bourse de l'État allemand en 1889 pour se perfectionner à l'Académie des beaux-arts de Munich. Là-bas, il réalise un bronze intitulé *Der Bogenspanner* (« L'Archer »), qui est primé et lui fait gagner une certaine notoriété.

De retour à Strasbourg, il réalise quelques commandes pour des notables. En 1901, il a l'occasion de partir étudier le travail des maîtres italiens à Florence grâce à son mécène Christian Kraft de Hohenlohe-Öhringen qui finance également sa maison rue des Pontonniers. Accolée au lycée dont elle fait désormais partie, cette villa lui sert à partir de 1903 de logement et d'ateliers, dont l'un, au rez-de-chaussée, est utilisé pour la réalisation de ses œuvres monumentales. Marzolff se sert également de la demeure comme vitrine d'exposition en sculptant de nombreux éléments sur la façade, notamment le magnifique oriel, allégorie du Rhin et de la Moselle.

Dans le parc de l'Orangerie, il réalise une statue d'*Hercule terrassant le lion* en 1905 puis, l'année suivante, les quatre géants du pont de la Forêt-Noire – aujourd'hui pont Kennedy – en hommage aux travailleurs du fleuve : un pelleteur et un haleur d'un côté, deux pêcheurs de l'autre. Il signe enfin en 1922 la statue de *La Marseillaise* place Broglie, qui est détruite par les nazis en 1940 puis reconstituée en 1980.

Adresse 3 rue des Pontonniers, 67000 Strasbourg | **Transports en commun** Tram C/E/F, arrêt Gallia | **À savoir** Juste à côté, le lycée international des Pontonniers fait de l'ombre à la villa de Marzolff. Considérée comme le Poudlard strasbourgeois, la magnifique école réalisée par l'architecte Johann-Karl Ott est l'objet de nombreux clichés.

68_La maison de Benjamin Zix

Témoin de l'épopée napoléonienne

Cette petite maison pittoresque aux murs un peu décrépis vit naître Benjamin Zix, dessinateur officiel de la Grande Armée. Rien ne prédestinait toutefois ce fils d'ouvrier farinier à devenir un reporter de guerre avant l'heure et grand contributeur de la légende napoléonienne.

Petit, il se montre particulièrement doué pour le dessin et s'amuse à décorer les murs de la maison de ses œuvres. Bien que modeste, son père parvient à lui faire suivre les cours de l'artiste Joseph Melling où son talent le distingue déjà. À cette époque, c'est la vie des Strasbourgeois et les paysages pittoresques sur les chemins de Ban-de-la-Roche qui l'inspirent. Animé d'un idéalisme patriotique, Benjamin Zix s'engage en 1792 dans l'armée du Rhin pour défendre les frontières de l'est, période durant laquelle il commencera à croquer des scènes militaires avec beaucoup de précision.

L'écho de son talent parvient jusqu'à l'artiste Vivant-Denon. De passage à Strasbourg en 1805, il lui confie la réalisation d'un portrait de l'impératrice Joséphine en moins d'une nuit lors de sa visite de la cathédrale. L'œuvre, magnifiquement réalisée, séduit autant le commanditaire que l'impératrice. Vivant-Denon lui propose alors de rejoindre la Grande Armée pour illustrer l'épopée napoléonienne. Pendant près de 5 ans, ils suivent les campagnes en Pologne, en Espagne et en Autriche, où le Strasbourgeois s'attache à montrer les scènes de la vie quotidienne comme le bivouac de Napoléon avant la bataille de Wagram. Il illustre aussi en 1810 le mariage de l'Empereur avec Marie-Louise.

À travers ses voyages, il rencontre de grands artistes comme Goethe (dont il tire le portrait) ou Stendhal. Il se forme aussi à d'autres procédés, notamment la lithographie auprès d'Aloys Senefelder, son inventeur. Il meurt lors d'un voyage en Italie après avoir contracté la fièvre pernicieuse, à seulement 39 ans.

Adresse 16 rue des Moulins, 67000 Strasbourg | **Accès** Depuis la Petite France, traversez le pont tournant ou le pont Saint-Martin | **Horaires d'ouverture** La maison n'est visible que de l'extérieur | **À savoir** Une importante collection des œuvres de Benjamin Zix se trouve dans les musées de Strasbourg, notamment au cabinet des Estampes et des Dessins.

69_La Maison Bossert

La tradition en rouge et noir ?

S'il est un symbole qui représente l'Alsace, c'est bien le costume traditionnel ! Et plus particulièrement sa coiffe noire à grand nœud, que l'on fait volontiers porter aux Alsaciennes dans l'imaginaire collectif. Il diffère pourtant selon le territoire, la religion ou encore le statut matrimonial. Le plus connu correspond en réalité à celui porté par les paysannes des alentours de Strasbourg, du Kochersberg et du pays de Hanau vers la fin du XIXe siècle. Il fut popularisé après l'annexion de l'Alsace par la Prusse comme symbole de résistance puisqu'il est orné d'une cocarde tricolore.

Porté dans les campagnes, le costume sert de « manteau de dignité du paysan » selon l'historienne Marguerite Doerflinger. Il suit les modes allemandes et l'esthétique française, ainsi que les progrès techniques qui permettent d'étoffer les couleurs ou de rendre les pièces de mercerie plus accessibles. Les couturières se rendent alors en ville pour acheter tout le matériel nécessaire. À Strasbourg, la Maison Bossert fait figure d'institution depuis 1825.

Mais au cours du XXe siècle, le costume traditionnel fut progressivement délaissé au profit de tenues plus modernes. La boutique s'efforça alors de perpétuer le savoir-faire et accompagna l'essor des groupes folkloriques avant de péricliter à partir des années 80. Elle est sauvée en 2010 par le chef d'entreprise Paul Kroely qui la déménage rue des Bouchers et en confie les rênes à Anne Wolff, une historienne de l'art passée par le musée Unterlinden de Colmar. Cette passionnée, membre d'une troupe folklorique, a commencé par reprendre les activités historiques puis a fini par voler de ses propres ailes à partir de 2017. Elle fournit aujourd'hui les troupes folkloriques régionales et confectionne des costumes sur mesure portés jusqu'en Norvège. Avec l'atelier mulhousien Du Côté de chez Souen, elle s'amuse même à dépoussiérer le costume traditionnel avec une collection contemporaine de prêt-à-porter.

Adresse 15 rue des Bouchers, 67000 Strasbourg | **Transports en commun** Tram A/D, arrêt Porte-de-l'Hôpital | **Horaires d'ouverture** Du mardi au vendredi de 10 h à 12 h et de 13 h 30 à 18 h 30, le samedi de 10 h à 12 h et de 13 h 30 à 17 h 30 | **À savoir** À quelques pas de là se trouve le Musée alsacien avec son importante collection de textiles dont des costumes régionaux. Anne Wolff a d'ailleurs accompagné en 2018 l'exposition « Costumes d'Alsace, étoffes d'un monde ».

70_La Maison citoyenne

Une agora haute en couleur

Le long des voies du tram, elle ne passe pas inaperçue. Cette maison à colombages semble réunir toutes les couleurs des maisons alsaciennes. Pourtant, avant de reprendre vie grâce aux coups de pinceau, cette jolie petite maison était blanche, laissée à l'abandon et délabrée. Ici et tout autour se trouvait l'atelier de taille de pierres de la fondation de l'Œuvre Notre-Dame, jusque dans les années 60. Puis le terrain est resté en friche avant d'être concédé à la SERS pour être aménagé et traversé par le tramway en 1994. Les immeubles ont commencé à pousser peu à peu tout autour de la maison, qui s'est retrouvée complètement mise de côté.

L'association Éco-Quartier Strasbourg est missionnée en 2014 pour réfléchir à une façon de la valoriser dans le cadre de ses projets d'habitat participatif. Après consultation des habitants du quartier naît l'idée d'offrir un lieu de débats et de dialogue dans une démarche participative et citoyenne. C'est le début d'une belle aventure humaine et collective, empreinte de surprises et de sueur. La maison, dans un piteux état, nécessite des travaux conséquents. Il faudra près de 5 ans aux bénévoles pour lui redonner vie. En parallèle du chantier, le collectif se structure progressivement avec beaucoup de spontanéité.

En janvier 2019, la Maison citoyenne ouvre enfin ses portes pour favoriser et faciliter la transition écologique et citoyenne à travers des réunions, des conférences, des concerts ou tout simplement autour d'un verre. Le cœur de la maison, c'est son bar associatif, ouvert du lundi au vendredi soir, qui propose des produits locaux et responsables. Des salles de réunion sont également mises à disposition d'associations. Mais l'engagement des bénévoles ne s'arrête pas à la tenue du bar ou à la gestion du projet. Il se construit à travers leurs initiatives aux thèmes divers, par et pour les habitants, dans un esprit démocratique.

Adresse 2 rue du Grand-Couronné, 67100 Strasbourg | **Transports en commun** D/E, arrêt Étoile-Polygone ; Tram A, arrêt Schluthfeld | **Horaires d'ouverture** Du lundi au vendredi de 18 h 30 à 22 h | **À savoir** L'association Éco-Quartier est aussi à l'initiative du Stück, la monnaie locale strasbourgeoise.

71 La maison Mimir

Un squat devenu lieu culturel

Des roues de vélo accrochées au portail, des bancs bricolés dans la cour, une grande enseigne « Mimir »… Cette maison à colombages de la Krutenau ressemble à un squat. Il y règne un petit air de Christiania, le célèbre quartier autogéré de Copenhague. Si la dimension n'est pas la même, l'esprit n'en est pas loin. Le nom pourrait aussi être une référence scandinave. Simple coïncidence pourtant : il a été choisi pour sa simplicité et son joli son. Mais à y regarder de plus près, le dieu de la sagesse de la mythologie nordique colle bien avec l'endroit qui se veut paisible et ouvert au plus grand nombre dans une ambiance de camaraderie.

La maison Mimir s'y est installée en 2010 à l'initiative de travailleurs sociaux et de personnes sans domicile. L'immeuble, propriété de la ville, était alors abandonné depuis une dizaine d'années. Ce collectif a donc choisi de le squatter et de le transformer en lieu d'accueil et de cultures alternatives. Certains y ont même élu domicile. Si la municipalité a bien tenté de les déloger, elle s'est finalement rendu compte de la pertinence de l'initiative, qui pouvait participer intelligemment à la vie sociale strasbourgeoise. Après négociations, l'association signe un bail emphytéotique avec la mairie et s'engage à réaliser des travaux de mise aux normes et à proposer un service de bagagerie pour les personnes sans domicile fixe.

Les importants travaux sont lancés avec la participation active des bénévoles et dans un esprit écologique et durable. Les matériaux proviennent au maximum de la récupération, comme l'isolation faite avec des bouchons en liège broyés. Le lieu prend progressivement vie autour de son bar associatif, Le Barakawa, puis de sa scène prisée où spectacles, conférences et musiques participent à la vie culturelle locale. Ici, le prix est libre afin de permettre à chacun de s'interroger sur la vraie valeur des choses et de permettre à l'association de s'autofinancer.

Adresse 18 rue Prechter, 67000 Strasbourg | **Transports en commun** Tram C/E/F, arrêt Gallia. La maison se situe derrière les bains municipaux | **Horaires d'ouverture** Suivre les différentes manifestations sur azqs.com/maison-mimir/ ; le bar est ouvert du mercredi au vendredi de 18 h à 23 h | **À savoir** L'association propose également un *free shop* alimentaire, une friperie et une bibliothèque solidaire.

72_La Marseillaise

Écrite par le capitaine, chantée par le maire

Le Musée historique est le point de départ parfait pour découvrir Strasbourg à travers son histoire. De la ville libre à la ville révolutionnaire puis la capitale européenne, on remonte le temps au fil d'une belle collection qui laisse une grande place à l'interaction. Parmi les pièces exceptionnelles, on découvre le Strasbourg de 1727 dans un plan en relief de 72 mètres carrés impressionnant de détails, l'armure originale de notre célèbre Homme de fer qui a donné son nom à la non moins célèbre place ou encore la marmite – tout du moins ce qu'il en reste – de l'exploit des Zurichois lors de l'*Hirsebreifahrt* de 1576. Au-delà de l'histoire strasbourgeoise, il faut se rendre dans l'espace consacré à la Révolution pour entrer de plain-pied dans l'histoire de France.

Autour de Kellermann et Kléber, grandes figures strasbourgeoises de cette époque, se trouve un tableau d'Isidore Pils intitulé *Rouget de Lisle chantant la Marseillaise pour la première fois*. Car oui, malgré son nom, l'hymne national a été écrit et chanté pour la première fois à Strasbourg en 1792. En pleine guerre face à l'Autriche, le maire de Dietrich invita le capitaine Rouget de Lisle, alors en garnison dans la ville et déjà connu à l'époque pour avoir écrit *L'Hymne à la liberté*, à composer un chant pour l'armée du Rhin. Le lendemain, le capitaine du génie présenta son *Chant de guerre pour l'armée du Rhin* lors d'une réception à l'hôtel particulier du maire au 17 rue des Charpentiers. Qui l'a chanté en premier : le maire ou le capitaine ? Nul ne le sait mais son succès fut immédiat.

Le chant sera entonné 3 mois plus tard par les fédérés de Marseille sur le chemin les menant aux Tuileries, devenant ainsi *La marche des Marseillois* puis *La Marseillaise*. Décrétée chant national le 14 juillet 1795, *La Marseillaise* est éclipsée sous l'Empire et la Restauration avant de réapparaître après la révolution de 1830 puis de devenir officiellement l'hymne national en 1879.

Adresse Musée historique, 2 rue du Vieux-Marché-aux-Poissons, 67000 Strasbourg | **Transports en commun** Tram A/D, arrêt Porte-de-l'Hôpital | **Horaires d'ouverture** Du mardi au dimanche de 10 h à 18 h | **À savoir** *La Marseillaise* n'a pas été chantée pour la première fois place Broglie comme on l'a longtemps pensé mais à l'hôtel de Dartein rue des Charpentiers, résidence du baron de Dietrich, comme l'a démontré Claude Betzinger en 2006.

73_MM Park

Le parcours des combattants

Il y a parfois des rêves de gosse qui deviennent réalité. C'est le cas pour Éric Kauffmann. Ce chef d'entreprise parcourait le monde entier en quête de pièces liées à la Seconde Guerre mondiale. Au bout d'une trentaine d'années, il avait accumulé une collection impressionnante d'objets, d'armes, de véhicules et de costumes militaires qu'il a décidé de rendre publique en 2017. Situé à La Wantzenau dans les anciens locaux d'une imprimerie, le musée est l'un des plus grands d'Europe consacrés à la Seconde Guerre mondiale.

Sur 7 000 mètres carrés, il permet aux visiteurs de découvrir des pièces remarquables à l'image de l'imposant char russe ISU-152 de 45 tonnes ou du célèbre *Souffleur II* sur lequel Jean Gabin a officié au sein de la 2e division blindée qui a libéré Strasbourg. Plus discret, le char de démolition *Springer* n'en est pas moins remarquable : il est l'un des deux seuls restant au monde. 60 % du parc de 120 véhicules est roulant.

Le musée possède aussi une collection de plus de 400 uniformes classés par pays, dont une improbable salle dédiée à ceux de la Bulgarie, inaugurée par le roi Siméon II, ou des tenues de déportés au Struthof. Les vitrines présentent enfin des armes dont une rare carabine anglaise de Lisle et une collection consacrée au plan Sussex avec de nombreux objets dignes de James Bond.

Mais là où le MM Park se démarque des musées traditionnels, c'est qu'il permet de toucher et d'interagir pour mieux comprendre. On peut ainsi se mettre aux commandes d'une défense antiaérienne, entrer à l'intérieur d'un tobrouk ou se hisser sur une vedette de la *Kriegsmarine* qui mouille dans un bassin créé pour l'occasion. Le MM Park pousse l'interaction jusqu'à proposer une insolite zone d'attractions où l'on peut prendre les commandes d'un avion sur simulateur, s'entraîner au tir de précision ou sauter d'un avion pour s'élancer sur un « parcours du combattant » en accrobranche.

Adresse 4 rue Gutenberg, 67610 La Wantzenau | **Transports en commun** Bus 72, arrêt Gutenberg. En voiture, depuis l'A4, sortie Reichstett puis direction La Wantzenau | **Horaires d'ouverture** Ouvert tous les jours de 9 h à 19 h | **À savoir** Le MM Park accueille aussi des fêtes et goûters d'anniversaire et propose une petite restauration.

74 Le monument aux Zurichois

Le bateau fortuné

La rue de Zurich est l'une des principales artères de la Krutenau. Si aujourd'hui nous pouvons y circuler à pied, à vélo ou en voiture, un bateau nous aurait été plus utile autrefois. À cet endroit coulait en effet le Rheingiessen, un cours d'eau comblé en 1872 qui reliait l'Ill au Rhin. Il fut le théâtre d'une épopée fantastique qui débute en haut de la rue, face au parking des bateliers. Là, sur la place du Pont-aux-Chats, se trouve l'une des plus vieilles fontaines de la ville. Construite en 1884, elle relate l'exploit de 1576, raconté par Johann Fischart dans son poème « Le Bateau fortuné ». Cette année-là, Strasbourg organisait un grand concours pour le centenaire de la bataille de Morat où les troupes strasbourgeoises avaient brillé aux côtés de leurs alliés suisses. Durant un mois, des centaines de tireurs sont venus de toute la vallée du Rhin et de Suisse pour s'affronter à l'arquebuse et à l'arbalète.

Dans ce cadre, les Zurichois souhaitaient réitérer leur exploit de 1456 : rejoindre Strasbourg en bateau en moins d'une journée pour montrer à leurs alliés avec quelle rapidité ils pourraient les secourir. Le 20 juin à 2 heures du matin, 45 Zurichois embarquent avec à leur bord une marmite de millet bouillant enveloppée dans du sable dans un tonneau. Habillés aux couleurs de leur cité, ils rament fort pour couvrir les 200 kilomètres qui les séparent de Strasbourg. Sur leur passage, la foule est en liesse et encourage l'équipage. Ils quittent le Rhin vers 21 heures pour emprunter le Rheingiessen puis franchissent l'arrivée située au Pont-aux-Chats sous les tambours et les fifres. La bouillie de millet est encore chaude ! Si la marmite a été détruite dans les bombardements de 1870, les fidèles alliés suisses ont permis l'évacuation des blessés, des femmes et des enfants. La *Hirsebreifahrt* – ou « course de la bouillie de millet » – perpétue la tradition tous les dix ans.

Adresse Place du Pont-aux-Chats, 67000 Strasbourg | Transports en commun Tram C/F, arrêt Gallia puis suivre le quai des Pêcheurs et le quai des Bateliers | À savoir La délégation zurichoise est l'une des rares à avoir dégusté le plus vieux vin blanc du monde conservé à la cave des Hospices de Strasbourg.

75 Le mur de Berlin

Le béton des droits de l'homme

Le mur de Berlin est tout un symbole. D'abord celui de la séparation, puisqu'il fut érigé dans la nuit du 12 au 13 août 1961 par la République démocratique d'Allemagne (RDA) sur fond de guerre froide pour endiguer l'exode vers Berlin-Ouest. Au-delà de la fracture des Berlinois, cette enceinte de béton de 155 kilomètres a marqué la division de l'Allemagne et la bipolarisation du monde. 28 ans plus tard, il devient un symbole de liberté et d'union, lorsqu'il s'effondre le 9 novembre 1989 face à la pression du peuple.

À sa chute, le mur fut largement vandalisé ou tagué puis rapidement démantelé par les autorités. Plusieurs segments ont ensuite été vendus et dispersés dans le monde. Ces tronçons devinrent tantôt des œuvres d'art, tantôt des vestiges historiques et symboliques. On en retrouve aujourd'hui aux États-Unis, en Corée du Sud, en Israël ou encore en Australie.

En France, des fragments du mur de Berlin sont visibles dans huit villes : à Paris sur l'esplanade du 9-Novembre-1989 et dans le jardin de la Maison de la Radio ; au Mémorial de Caen ; à Angers ; sur le parvis de la Défense à Courbevoie ; à Marseille ; au Centre mondial de la paix de Verdun ; à Tavaux dans le Jura et à Strasbourg.

Quatre pans du mur s'élèvent à la Cour européenne des droits de l'homme au Wacken. Ils ont été offerts en 1990 au Conseil de l'Europe par l'Allemagne. Comme la plupart des blocs, ceux de Strasbourg sont tagués. Si l'inscription « le duo d'enfer a encore frappé » est la plus visible, on devine aussi en dessous le mot « *Freiheit* » (« liberté » en allemand). On retrouve également sur chacun des pans la silhouette d'un personnage à l'œil bien rond, signature de l'artiste Thierry Noir. Si les deux cylindres du palais des Droits de l'homme représentent la balance de la justice, ces blocs de béton symbolisent quant à eux la liberté d'expression, l'ouverture aux autres et la démocratie en Europe.

Adresse Allée des Droits-de-l'Homme, 67000 Strasbourg | **Transports en commun** Tram E, arrêt Droits-de-l'Homme | **À savoir** Installé à Berlin en 1982, l'artiste français Thierry Noir a été le premier à peindre sur le mur malgré l'interdiction à l'époque. Il exprimait ainsi, à sa façon, la tristesse qu'il ressentait face à la séparation des peuples.

76 La Nouvelle Douane

Directement de la ferme

Strasbourg compte de nombreux marchés de quartier, tous itinérants et le plus souvent en plein air. Seules les halles du Neudorf permettent de faire son marché à l'abri les mardis et samedis matin. Mais depuis 2014, un véritable marché couvert a ouvert ses portes en plein cœur de la Grande Île, dans le bâtiment de l'Ancienne Douane.

Connue avant tout pour son restaurant devenu incontournable le long de l'Ill, elle a été un lieu de commerce dès sa construction en 1358. De 1870 à 1944, c'est même sa vocation première puisqu'elle porte alors le nom de marché du Corbeau. Malheureusement, un bombardement rase complètement le bâtiment en 1944, épargnant seulement les arcades gothiques. Il est reconstruit à l'identique entre 1962 et 1965. Le restaurant s'y installe et devient vite une institution. À son extrémité, certains se souviendront de la présence d'un bar à bières.

À sa fermeture, la ville saisit l'occasion et lance un projet original en partenariat avec la Chambre d'agriculture pour répondre à la demande des Strasbourgeois d'avoir accès plus facilement à des produits locaux et bio. La Nouvelle Douane ouvre ses portes en novembre 2014 à côté du restaurant. On y retrouve toutes les caractéristiques d'un petit supermarché urbain classique avec les paniers, les rayons boucherie, boulangerie ou encore les fruits et légumes puis les caisses. Mais ici, seuls des produits de saison et issus d'une quarantaine de producteurs locaux sont vendus. Certains sont même les propriétaires du lieu, réunis en collectif pour vendre directement aux Strasbourgeois les produits de leurs fermes situées dans un rayon de 80 kilomètres autour de Strasbourg. En plein centre-ville, habitants et touristes peuvent ainsi s'acheter du vin de la cave du roi Dagobert à Traenheim, du foie gras de la ferme Goettelmann à Meistratzheim ou encore des légumes bio des jardins de la Montagne verte.

Adresse 1A rue du Vieux-Marché-aux-Poissons, 67000 Strasbourg | **Transports en commun** Tram A/D, arrêt Porte-de-l'Hôpital | **Horaires d'ouverture** Du mardi au vendredi de 9 h 30 à 19 h 30 et le samedi de 8 h à 18 h 30 | **À savoir** La Nouvelle Douane propose aussi une boutique en ligne avec drive et livraison dans l'Eurométropole.

77 L'obélisque de Schulmeister

L'espion dans la prairie

La Meinau est l'un des quartiers les plus connus de Strasbourg, très certainement grâce à son stade et sa zone industrielle, la plus importante de la ville. Il s'agit pourtant d'un quartier dont l'histoire est assez récente et dont le visage était bien différent au début du XIXe siècle. Il s'agissait en effet d'une grande plaine inondable dont une partie servait depuis 1321 aux bouchers de la ville pour y faire paître les animaux avant de les emmener à l'abattoir situé à la place de l'actuel Musée historique. Au-delà de la plaine des Bouchers, ce territoire était également utilisé pour des manœuvres militaires depuis le XVIe siècle. Il était, en outre, traversé depuis l'Antiquité par une grande voie menant vers le sud, l'actuelle route de Colmar.

Au milieu de cette artère, à l'angle de la route de la Meinau, une colonne de 4 mètres de hauteur nous surprend. Réalisé en 1806 avec de la pierre de Jaumont à la couleur jaune caractéristique, cet obélisque indique la direction du château de Schulmeister aujourd'hui disparu. Son propriétaire était un certain Charles-Louis Schulmeister, espion de l'armée napoléonienne. Son rôle décisif dans la prise d'Ulm en 1805 fit de lui un homme riche. À son retour à Strasbourg, il achèta un vaste domaine qu'il agrandit jusqu'à la Kibitzenau et qu'il nomma *meine Aue* (« ma prairie »). Il y fit construire un somptueux château avec un grand parc autour d'un lac artificiel et y mena une vie mondaine, recevant même l'impératrice Joséphine, sa fille Hortense, reine de Hollande et la reine de Westphalie.

Après la chute de Napoléon Ier, Schulmeister se retrouva ruiné et contraint de vendre le domaine. Le château est détruit en 1874. Peu de Strasbourgeois le connaissent, mais M. de Meinau, comme il aimait se faire appeler, aura laissé son nom au quartier, cet obélisque aux symboles égyptiens et maçonniques en bas-relief ainsi qu'un agréable parc bordé par le Rhin Tortu.

Adresse 1 route de la Meinau, 67100 Strasbourg | **Transports en commun** Tram A, arrêt Émile-Mathis | **À savoir** Une autre colonne napoléonienne se trouve du côté de la place de l'Étoile à l'angle du cimetière Saint-Urbain. Elle indique la direction et la distance vers Kehl et vers Illkirch-Graffenstaden.

78_L'Odyssée

La mémoire du 7e art

Bien assis au balcon dans un fauteuil rouge moelleux, le spectateur attend que la séance commence. Le rideau se lève, les lumières des lustres se tamisent puis l'écran s'éclaire. Vous n'allez pas assister à une pièce de théâtre ou à un ballet d'opéra, mais à la projection de la *Vie est belle* de Frank Capra, un film en noir et blanc sorti en France en 1948.

Dans la grande salle de l'Odyssée, vous êtes dans un autre monde. Celui où les bons films sont comme de bons livres, ils s'inscrivent dans le temps et marquent leur art. Vous les appréciez d'autant plus quand vous les regardez dans l'atmosphère surannée de l'un des plus anciens cinémas du monde encore en activité dans son cadre d'origine.

Construit en 1913 à la faveur de la Grande Percée, le cinéma prend le nom d'Union Theater en référence au grand cinéma de Berlin détenu par le même propriétaire, Paul Davidson. La première projection a lieu le 3 janvier 1914, avec le film *L'Étudiant de Prague* de Hans Heinz Ewers. En 1958, le cinéma rejoint le groupe Gaumont et devient l'ABC pour apparaître en première position dans la liste des cinémas des DNA. Puis la fréquentation des salles baisse. L'ABC n'est plus rentable avec son unique salle et ferme ses portes en 1986 après la projection du film *37° 2 le matin*.

Cette fermeture est une aubaine pour l'association Rencontres Cinématographiques d'Alsace qui vient tout juste de naître et qui recherche un lieu de projection. Catherine Trautmann soutient l'initiative et, une fois élue maire en 1989, lance un important chantier de rénovation de ce bâtiment détenu par la ville depuis 1919. L'Odyssée ouvre ses portes en 1992 et devient un cinéma d'art et d'essai avec une programmation composée de plus de 400 films alternatifs et européens diffusés par an. Il préserve également la mémoire du 7e art avec près de 250 projections-débats chaque année et une riche bibliothèque cinématographique.

Adresse 3 rue des Francs-Bourgeois, 67000 Strasbourg | Transports en commun Tram A/D, arrêt Langstross – Grand'Rue | Horaires d'ouverture Ouvert tous les jours. Première séance à 10 h 20, dernière séance à 22 h. Programme des séances à retrouver sur www.cinemaodyssee.com | À savoir Au rez-de-chaussée, le café-bar permet de prendre un verre après la séance et de profiter d'une magnifique vue sur la grande salle à travers la baie vitrée.

79 Le palais des Fêtes

L'Art nouveau en béton armé

Dans la Neustadt, le palais des Fêtes a une histoire aussi singulière que son architecture. Alors que la plupart des bâtiments magistraux du quartier – palais du Rhin, Palais universitaire, bibliothèque universitaire – ont été élevés par les pouvoirs publics, le palais des Fêtes résulte pour sa part d'une initiative privée. L'histoire commence en chanson avec le Strassburger Männergesangverein, une chorale masculine fondée en 1872. Après une tournée triomphale à Berlin en 1882, la troupe devient particulièrement réputée dans l'Empire allemand et cherche une salle à sa mesure à Strasbourg, en vain. Elle décide alors de construire sa propre salle et confie le projet aux architectes Richard Kuder et Joseph Müller.

La « *Sängerhaus* » est inaugurée les 31 janvier et 1er février 1903. Ce petit bijou d'Art nouveau est l'une des premières apparitions de ce courant architectural à Strasbourg. On y trouve également quelques influences néogothiques pour la tour d'angle et néo-Renaissance sur les pignons. Derrière ses apparences très artistiques se cache une structure novatrice en béton armé, technique empruntée au Français François Hennebique.

À son inauguration, le palais des Fêtes pouvait accueillir plus de 1 000 spectateurs et devint ainsi la plus grande salle de spectacle de la ville jusqu'à la construction du palais de la Musique et des Congrès en 1975. La salle s'est dotée en 1909 de magnifiques orgues néo-baroques réalisées par Dalstein et Haerpfer, selon les spécifications d'Albert Schweitzer.

Plusieurs artistes de renom s'y sont produits comme Gustav Mahler, Richard Strauss, Charles Münch ou plus récemment Alain Bashung, qui y a chanté en 2008 dans le cadre du festival Musica et des Nuits électroniques de l'Ososphère. Classé monument historique en 2007, le bâtiment a été entièrement rénové entre 2018 et 2019 pour renforcer son attractivité culturelle et associative.

Adresse 5 rue Sellénick, 67000 Strasbourg | Transports en commun Bus 10, arrêt Palais-des-Fêtes ; Bus 2, arrêt Phalsbourg | Horaires d'ouverture Ouvert selon les événements | À savoir Le palais accueille le centre chorégraphique, la chorale strasbourgeoise, la philharmonie et le centre Flora Tristan, un centre qui vient en aide aux femmes victimes de violences.

80_Le palais du Rhin

Les moustaches de l'empereur

De sa période impériale, Strasbourg garde de nombreux vestiges. Le plus symbolique est très certainement le palais du Rhin dans la Neustadt. Avec son petit air de Palazzo Pitti dont il s'inspire librement, ce grand palais était la résidence strasbourgeoise de l'empereur Guillaume II – aucun doute possible quant à sa fonction grâce à l'aigle impérial aux ailes déployées au-dessus de la porte. De même avec son dôme à impériale bien visible au loin, qui coiffe avec élégance l'édifice et cache encore aujourd'hui une majestueuse salle des fêtes. Détail plus amusant : le visage de l'empereur est inséré discrètement dans la ferronnerie des grilles du parc.

Construit entre 1883 et 1888, le *Kaiserpalast* était à la pointe de la modernité avec ses charpentes et poutraisons métalliques, son éclairage au gaz et son ossature en béton ; le tout habillé de grès jaune du Palatinat en rupture totale avec la tradition rose alsacienne. Un palais digne d'un empereur qui souhaitait affirmer son pouvoir.

Pourtant, malgré tous ses atours, l'empereur détestait ce palais. Il aurait préféré s'installer au palais Rohan, mais ce symbole du luxe et de l'élégance à la française aurait été bien mal vu en pleine germanisation de l'Alsace. Le palais du Rhin arborait donc un style wilhelmien triomphant qui lui sera reproché après la Seconde Guerre mondiale. En 1957, le maire de Strasbourg, Charles Altorffer, et le préfet André-Marie Trémeaud portent le projet de le remplacer par une grande tour de béton avec des bureaux administratifs. La mobilisation du secrétaire général de la préfecture, Maurice Roche, suivi par plusieurs personnalités alsaciennes permirent heureusement de sauver ce chef-d'œuvre architectural.

Classé monument historique en 1993, le palais est désormais protégé. Il héberge depuis 1920 la Commission centrale pour la navigation sur le Rhin, la plus ancienne institution européenne, et la direction régionale des Affaires culturelles.

Adresse 1 place de la République, 67000 Strasbourg | **Transports en commun** Tram B/C/E/F, arrêt République | **À savoir** Jetez un œil dans le parc du palais du côté du quai Jacques-Sturm. Vous apercevrez 18 sarcophages, vestiges gallo-romains qui proviennent de fouilles menées à Strasbourg.

81_Le parc Friedel

Bonjour veau, vache, cochon, couvée

En mai 1961, la famille Friedel-Berger-Levrault vend ses terrains au bord de l'Ill à la ville d'Illkirch et y interdit dans la transaction toute spéculation immobilière pendant 15 ans. La ville y aménage alors un parc de 3 hectares qui deviendra un lieu de promenade agréable pour les habitants de la commune. Il est assorti aujourd'hui d'une belle aire de jeux, d'un parcours de santé et de tables de pique-nique. Un premier aménagement est réalisé en 1984 pour accueillir les animaux donnés à la ville par le colonel Riotte. Des animaux sauvages comme des daims, des yacks ou des nandous vivent dans un coin du parc au fond de leurs enclos. Le parc animalier est transformé en 2004 pour devenir un lieu ouvert où les visiteurs sont en contact direct avec les animaux.

La visite est libre le long des allées. Il y a toutefois quelques règles à respecter, indiquées dès l'entrée. Une fois les portes du sas passées, on est accueillis par quelques chèvres peu farouches qui s'approchent volontiers par curiosité ou pour être caressées. Plus loin, au gré des allées, on croise des ânes et des moutons qui gambadent tout comme nous tranquillement dans le parc. Parfois, ils viennent par surprise goûter un lacet ou s'installer à côté de nous pour le grand plaisir des petits – mais aussi des grands !

À côté des animaux en liberté, il y a aussi ceux dans les enclos. On retrouve principalement des animaux de la ferme comme des lapins, des poules ou des oies. Les vaches et les poneys quittent leur enclos la nuit pour se promener librement dans le parc. D'autres espèces sont plus exotiques, comme les tortues. Il y a en tout 180 animaux dont 70 volatiles qu'on peut apprendre à connaître grâce aux panneaux signalétiques disposés tout au long du parcours. Une équipe de soigneurs municipaux assure l'entretien, l'alimentation et les soins des bêtes. Ils sont là également pour répondre aux questions des visiteurs.

Adresse Rue Girlenhirsch, 67400 Illkirch-Graffenstaden | **Accès** En venant de l'autoroute A35, prendre la sortie 7 La Vigie, prendre ensuite la N83 puis se rendre la zone du Girlenhirsch | **Horaires d'ouverture** Mercredi, samedi et dimanche de 14 h à 18 h (19 h pendant l'été) et tous les jours pendant les vacances scolaires | **À savoir** Avant son acquisition par la ville d'Illkirch-Graffenstaden, le parc était la propriété de la famille Friedel-Berger-Levrault, héritiers de la célèbre imprimerie Berger-Levrault.

82 Le Parlamentarium

Dans la peau d'un député européen

Strasbourg est assurément une ville européenne autant par sa situation géographique que par le fait qu'elle soit le siège de plusieurs institutions européennes.

Parmi elles, le Parlement européen a élu domicile dans la capitale alsacienne en 1958 – il partageait alors l'hémicycle du Conseil de l'Europe. En 1999, le Parlement européen inaugure son nouveau siège au bord de l'Ill. L'ensemble magistral de 220 000 mètres carrés devait incarner la démocratie en mouvement, l'ouverture, le dialogue et le débat. On imaginait alors au centre de la tour évidée une place ouverte où les citoyens pourraient circuler librement, également zone piétonne et cyclable au pied du Parlement. Malheureusement, les standards de sécurité ont évolué et le bâtiment est progressivement devenu une forteresse difficilement accessible en dehors des Journées du patrimoine.

Ce symbole de la démocratie européenne ne pouvait toutefois pas rester fermé aux citoyens, curieux de comprendre son fonctionnement et son rôle. Pour résoudre ce défi, les équipes du Parlement ont récemment aménagé un parcours sécurisé pour offrir des visites libres du bâtiment. Il s'appuie notamment sur le Parlamentarium Simone-Veil, un espace interactif et ludique ouvert en 2017 en plein cœur du batiment. Des écrans tactiles permettent aux citoyens de retrouver leurs députés, de les contacter ou de comprendre le fonctionnement du triangle institutionnel européen de façon très pédagogique. Une salle de cinéma à 360 ° propose un film sur les enjeux européens dans les 24 langues officielles.

Enfin, une exposition retrace le parcours de Simone Veil dont le Parlamentarium emprunte le nom. Cette Européenne convaincue et engagée a été la première présidente élue du Parlement européen et la première femme à occuper ce poste. N'oubliez pas en partant de faire votre photo souvenir dans la cabine photographique !

Adresse Bâtiment Louise-Weiss, allée du Printemps, 67000 Strasbourg | **Transports en commun** Tram E, arrêt Parlement européen | **Horaires d'ouverture** Voir sur www.europarl.europa.eu/visiting/fr | **À savoir** Dans la villa Kayserguet à proximité du palais des Droits de l'homme, le Lieu d'Europe est un espace ouvert avec une exposition permanente et de nombreuses animations pour découvrir l'Europe et ses valeurs.

83_La passerelle Ducrot

Qui a le plus de ponts ?

Au moment où l'on inaugurait la tour Eiffel à Paris, Strasbourg voyait naître une nouvelle passerelle à la suite d'une initiative citoyenne. Les habitants du bord de l'Ill des quartiers Orangerie et Contades devaient autrefois se rendre jusqu'à l'église Saint-Paul pour traverser la rive. En 1888, 75 riverains écrivirent alors à la municipalité pour demander la construction d'une passerelle piétonnière en fer sur l'Ill. La jolie passerelle de la porte de l'Ill vit ainsi le jour un an plus tard et reliait le quai Mullenheim au quai Rouget-de-Lisle. Elle fut sauvée de justesse en 1919 face à un projet de pont en béton puis renommée quelques années plus tard « passerelle Ducrot ». Elle permet aujourd'hui de rallier confortablement le quartier européen à pied ou à vélo.

Strasbourg compte plus de 230 ponts à l'image de la passerelle Ducrot. Elle est ainsi la ville française comptant le plus de ponts, loin devant Amiens, Toulouse ou Paris. À l'échelle de l'Eurométropole, on ne dénombre pas loin de 450 ponts, soit 15 de plus que Venise !

Certains sont particulièrement notables comme les ponts Couverts, le barrage Vauban ou le pont du Corbeau. On connaît aussi le fameux pont tournant de la Petite France, actionné manuellement pour laisser circuler les piétons de la rue des Moulins après le passage des bateaux-mouches. On connaît moins le pont tournant ferroviaire à l'entrée du Port autonome. Sans véritablement s'en rendre compte, on passe aussi sous l'un des plus anciens ponts de fonte conservés en France lorsque l'on se promène le long de l'Ill. Reconstruit en 1841 avec ses beaux arcs en fonte, le pont Saint-Thomas est classé depuis 1995 au titre des monuments historiques. Enfin, des réalisations plus récentes comme la passerelle de la Citadelle ou la passerelle Mimram confortent Strasbourg dans son statut de capitale française des ponts.

Adresse Passerelle Ducrot, 67000 Strasbourg | **Accès** À pied ou à vélo depuis les quais Mullenheim et Rouget-de-Lisle | **À savoir** À quelques pas de la passerelle se trouve un insolite homme-girafe devant le siège de la chaîne de télévision Arte.

84 Les pavés de la mémoire

Trébucher pour ne pas oublier

Le long du boulevard Clemenceau, votre œil sera sans doute attiré par les quatre pavés dorés qui brillent au soleil. En se penchant, on peut lire « Ici habitait le rabbin Robert Emmanuel Brunschwig, né 1888, interné Drancy, déporté 1944 Auschwitz, assassiné 20.5.1944 ». Les trois autres pavés racontent une histoire similaire, celle de Juifs déportés et tués pendant la Seconde Guerre mondiale. Ces pavés ne sont pas placés là par hasard : ils marquent le dernier lieu de résidence des victimes. Au total, vingt pierres comme celles-ci ont été posées le 1er mai 2019 dans des rues de Strasbourg afin d'interpeller les passants.

Ils sont l'œuvre de l'artiste allemand Gunter Demnig qui eut l'idée en 1993 d'installer des *Stolpersteine* en souvenir de la déportation massive de Roms. Ce terme allemand se traduit littéralement par « pierres d'achoppement » et renvoie à un vieux dicton d'outre-Rhin : trébucher sur une pierre signifierait qu'un Juif est enterré là. L'œuvre de Demnig vise avant tout à faire trébucher l'esprit pour ne pas oublier les victimes du nazisme qui pouvaient aussi bien être juives, homosexuelles, opposantes politiques ou handicapées. Elle a aussi pour vocation de faire sortir ces victimes de l'anonymat. Un important travail de recherches biographiques est ainsi réalisé pour obtenir les informations nécessaires : le lieu de résidence, la date de naissance, le parcours de déportation et la date du décès.

Aujourd'hui, plus de 70 000 *Stolpersteine* ont été posées dans 25 pays. La plupart se trouvent en Allemagne, mais d'autres sont visibles aussi en France, en Belgique, en Autriche ou encore en Argentine. Ce projet constitue ainsi le plus important mémorial de la Shoah à travers le monde. Dans le Bas-Rhin, l'association Stolpersteine 67 se fait le relais de l'artiste berlinois. Les bénévoles cherchent à promouvoir l'initiative auprès des collectivités pour faire briller localement la mémoire des victimes.

Adresse 19 boulevard Clemenceau, 67000 Strasbourg | **Transports en commun** Bus 2/H, arrêt Phalsbourg | **À savoir** Près de 850 Juifs strasbourgecis ont été déportés par le régime nazi. L'association Stolpersteine 67 se donne pour objectif d'offrir son pavé de la mémoire à chacun d'eux.

85 Les Petites Cantines

Manger comme à la maison

Vous avez gardé un mauvais souvenir de la cantine ? Près de la gare, cette cantine d'un nouveau genre devrait vous réconcilier avec les repas collectifs. Et on n'y vient pas seulement pour manger. Aux Petites Cantines, l'ambiance est conviviale et on s'y sent assez rapidement comme à la maison. Exit la grande salle de réfectoire impersonnelle. Ici, la décoration de la grande salle à manger est chaleureuse et l'on peut accueillir jusqu'à 35 convives pour le déjeuner, la serviette en tissu sur les genoux.

Dans la cuisine ouverte, il n'y a aucun chef. Ce sont là encore des visiteurs qui ont concocté le menu du jour le matin même avec des produits frais et locaux, si possible bio, sous le regard bienveillant de Déborah, la maîtresse de maison. Ce concept de restaurant participatif est né à Lyon en 2016. Depuis, il a essaimé dans d'autres lieux de la ville avant de s'installer en 2019 à Lille et à Strasbourg.

Dans la capitale alsacienne, Les Petites Cantines connaissent déjà un beau succès grâce à l'énergie de Stéphanie, la responsable locale, et aux partages d'expérience du réseau. En seulement 6 mois, l'association a déjà accueilli 1 500 convives. Ce sont bien souvent des habitants du quartier ou des personnes qui travaillent à proximité. Ils sont étudiants, retraités, au chômage, salariés voire touristes de passage. Tous partagent les mêmes motivations : bien manger avec des produits sains, rencontrer des gens sympathiques et, parfois, apprendre à cuisiner.

À la fin du repas, comme à la maison, il faut débarrasser et faire la vaisselle. Les convives sont à nouveau mis à contribution. Seule une légère différence apparaît au moment de partir : il faut passer à la caisse. Mais là encore les Petites Cantines se démarquent. On y pratique le prix libre : chacun donne ce dont il a envie. Une façon d'instaurer une certaine solidarité en fonction de ses moyens.

Adresse 5 rue Kuhn, 67000 Strasbourg | Transports en commun Tram C, bus L6, arrêt Faubourg-de-Saverne | Horaires d'ouverture Du mardi au vendredi, à 9 h 30 pour cuisiner et entre 12 h 15 et 12 h 30 pour déjeuner. Réservation obligatoire sur http://strasbourg.lespetitescantines.org | À savoir En plus du restaurant participatif, les Petites Cantines proposent aussi des ateliers, comme du yoga par exemple, pour créer du lien entre les habitants du quartier.

86_Le Philibar

Il y a à boire et à jouer

À première vue, l'endroit semble être un bar comme les autres. Pourtant, à l'intérieur, quatre trentenaires sont en train de refaire le monde en lançant les dés et en plaçant leurs troupes. À côté, trois jeunes filles rient à gorge déployée en essayant de deviner le personnage qu'elles ont sur le front. Plus loin, ce sont deux couples qui s'affrontent dans la peau de méchants de Disney. À Philibar, boire un verre est presque accessoire. On y vient aussi et surtout pour jouer à des jeux de société !

Partout en France, les bars à jeux connaissent un succès grandissant. Cette tendance, Philibert a pu l'observer ces dernières années. Le spécialiste strasbourgeois du jeu de société a commencé par organiser des soirées de jeux dans les bars de la ville puis a vu l'émergence de bars 100 % dédiés et s'est dit, « pourquoi ne pas avoir le nôtre ? » Dans cette entreprise libérée rachetée en 2011 par ses salariés, c'est Gautier qui porte le projet. Il se met à la recherche d'un lieu assez grand pour être confortable, mais au loyer raisonnable. Il déniche cet ancien restaurant sur deux étages à côté de l'arrêt Place-des-Halles.

Quelques coups de pinceau orange plus tard, le bar ouvre ses portes en mai 2019. Le Meeple, ce petit bonhomme issu du jeu *Carcassonne* et devenu le logo de Philibert, s'affiche fièrement sur les murs. L'ambiance est chaleureuse et propice au jeu avec un éclairage directif et des tables un peu plus larges. On peut même y greffer une rallonge pour poser sa bière, son hot-dog ou son bowl végétarien.

Ici, le jeu n'est pas obligatoire. Certains ne viennent que pour déguster un bon plat du jour maison au déjeuner ou se changer les idées entre collègues après le travail. Mais la tentation de jouer est souvent grande. Aussi, après avoir recommandé les boissons du moment, les serveurs aident les clients à faire leur choix parmi les 600 références de jeux. Alors, on joue à quoi ?

Adresse 15 rue du Marais-Vert, 67000 Strasbourg | **Transports en commun** Tram A/D, arrêt Place-des-Halles | **Horaires d'ouverture** Du mardi au jeudi de midi à minuit, vendredi et samedi de midi à 1 h et le dimanche de 11 h à 22 h | **À savoir** Si l'un des jeux vous plaît, rendez-vous à la boutique Philibert à côté de la Maison Rouge, rue de la Grange, ou sur leur boutique en ligne www.philibertnet.com.

87 Le pilier de la minceur

Avez-vous trop mangé ?

En face de la cathédrale se trouve une jolie maison blanche à colombages datant du XVe siècle, anciennement la pharmacie du Cerf. À son angle, une colonne de grès rose soutient l'encorbellement depuis 1567 mais fait preuve d'une utilité bien plus originale : c'est un mesureur de bedaine.

Il est vrai que Strasbourg est une ville gourmande avec son offre de restauration aussi importante qu'éclectique, symbolisée notamment par les traditionnelles *winstub*, les nombreuses charcuteries, boulangeries ou pâtisseries. Bref, autant de pièges tendus pour se retrouver à l'étroit dans son pantalon.

Malin, le Strasbourgeois a tout prévu avec cet insolite *büchmesser* ou « mesureur de bedaine » en français. Selon la tradition, les bourgeois de la ville libre de Strasbourg se réunissaient une fois par an sur le parvis de la cathédrale pour désigner leur magistrat et prêter serment à la constitution. Cette cérémonie du *Schwörtag* était suivie d'une visite des différentes corporations et d'un important banquet. À l'issue du repas, les membres du conseil mettaient leur bedaine à l'épreuve des 35 centimètres qui séparent le pilier du mur. S'ils ne parvenaient pas à passer de profil, un régime s'imposait. Cette tradition du XVIe siècle perdure et le *büchmesser* est aujourd'hui un endroit insolite et amusant à voir à proximité de la cathédrale. Classée monument historique depuis 1936, la colonne a été entièrement restaurée en 2016 avec du grès rose de Niderviller.

Quant à la pharmacie, elle ferma ses portes en 2000. Mentionnée dès 1268 dans les archives, elle était jusque-là réputée pour être la plus ancienne pharmacie d'Europe et a vu passer quelques illustres pharmaciens. Parmi eux figurent André Sigismund Margraff, l'inventeur du sucre de betterave, ou encore Heinrich Emanuel Merck, héritier d'une officine familiale qu'il transforme en groupe pharmaceutique majeur.

Adresse 10 place de la cathédrale/11 rue Mercière, 67000 Strasbourg | Transports en commun Tram A/D, arrêt Langstross – Grand'Rue | À savoir À la place de l'ancienne pharmacie du Cerf se trouve désormais une boutique éphémère d'artisans (voir chap. 12).

88_La piste des Forts

Pédaler entre nature et histoire

La piste des Forts est un itinéraire cyclable franco-allemand de 85 kilomètres autour de Strasbourg, entre nature rhénane et patrimoine historique. Elle suit les traces des 19 ouvrages de l'ancienne « ceinture des Forts » (16 en France, 3 en Allemagne) construite par l'armée prussienne après la guerre de 1870 pour protéger la capitale alsacienne. Cela fonctionna plutôt bien puisque Strasbourg fut épargnée par les combats lors de la Première Guerre mondiale. À l'origine nommés en l'honneur de personnalités politiques et militaires allemandes tels Bismarck, Kronprinz ou Großherzog von Baden, les ouvrages situés en France sont renommés après 1918 avec des noms de généraux français comme Foch, Kléber ou Ney. Devenus obsolètes, ils ont peu à peu été abandonnés par l'armée française. Avec le temps, la nature y a bien souvent repris ses droits et seuls quelques ouvrages sont aujourd'hui ouverts au public tels que les forts Rapp, Frère et Kléber.

Nul besoin toutefois d'être un mordu d'histoire ou un grand sportif pour emprunter la piste des forts. Elle peut être un simple prétexte pour s'offrir une belle promenade à vélo, seul, en couple ou en famille sur un itinéraire particulièrement bien balisé et qui ne présente pas de grandes difficultés. Il vous emmène découvrir le côté naturel de Strasbourg à travers une grande diversité de paysages – entre champs de La Wantzenau, canal de la Bruche et parties boisées – et franchir la frontière pour longer le Rhin côté allemand.

L'une des parties les plus agréables du circuit est sans nul doute la traversée de la forêt de la Robertsau. Au milieu d'une végétation assez dense que le soleil perce difficilement, on pédale baignés dans un jeu de lumière splendide. Cette forêt aux mille facettes cache tantôt un bunker, tantôt un étang. Certains sont réservés à la pêche et donc bordés de cabanes de pêcheurs qui leur donnent un petit air canadien, surtout à l'automne.

Adresse Autour de Strasbourg et Kehl | **Accès** À vélo, principalement via l'EuroVelo 5 (canal de la Bruche et canal de la Marne au Rhin) ou l'EuroVelo 15 (Illkirch, Meinau, Robertsau, La Wantzenau) | **À savoir** Vous pouvez louer un vélo enfant, un tandem, un vélo électrique ou encore un vélo cargo auprès de Vélhop pour faire la piste des Forts.

89 Le pont du Corbeau

Le bain des suppliciés

Nombreux sont les touristes qui s'arrêtent sur le pont du Corbeau pour faire une photo-souvenir. L'Ancienne Douane d'un côté, la cathédrale de l'autre et l'Ill qui coule en contrebas offrent assurément un décor fantastique. Mais combien ont prêté attention à l'inscription dans le grès à l'entrée du pont ? Elle a pourtant de quoi remplacer les plus jolis sourires par une moue un peu gênée.

On ne sait pas vraiment de quand date le premier pont entre la rue du Vieux-Marché-aux-Poissons et la place du Corbeau. La première mention qui en est faite date de 1308 ; le pont était en bois et s'appelait le *Schinderbrücke* ou « pont des supplices ». Assez explicite, son nom nous fait comprendre que les peines étaient exécutées ici au Moyen Âge – à cette époque, le cadre était beaucoup moins romantique. Les condamnés étaient plongés dans les eaux usées de l'*Ulmergraben*, un fossé qui faisait office d'égouts pour le vieil hôpital et la grande boucherie située dans l'actuel Musée historique, grâce à un grand panier, le *Schandkorb*, installé en 1477. La durée d'immersion dans ces eaux immondes dépendait de la gravité des actes des accusés. Cela pouvait aller jusqu'à la mort dans les cas d'infanticide, de parricide ou d'infidélité. On estime qu'au XVIIe siècle, une dizaine de condamnés étaient exécutés ici chaque année sous les yeux de la foule qu'on imagine nombreuse pour assister au spectacle.

Puis à mesure que cette tradition devint moins populaire, le pont retrouva sa fonction de voie de communication. Il fut remplacé en 1841 par une construction en fonte plus large, similaire à l'actuel pont Saint-Thomas. Si sa courbe permettait de laisser passer les bateaux, elle rendait toutefois le franchissement difficile pour les charrettes. En 1892, le pont en grès à tablier plat que l'on connaît aujourd'hui est construit, orné de quatre jolies tourelles démontées en 1942, et est devenu un haut lieu des photos-souvenirs.

Adresse Pont du Corbeau, 67000 Strasbourg | **Transports en commun** Tram A/D, arrêt Porte-de-l'Hôpital | **À savoir** À quelques pas de là, le restaurant Au Pont du Corbeau est l'une des dernières véritables *winstub* de la ville, où l'on partage la table avec d'autres convives.

90 La porte de l'Hôpital

Une porte vers les étoiles

Depuis l'arrêt de tram Porte-de-l'Hôpital, la vue est particulièrement intéressante sur cette grande tour en pierre. Vestige de l'enceinte médiévale, cet édifice construit au XIIIe siècle permettait le passage vers l'hôpital civil. Il avait aussi une autre fonction plus étonnante, qui le rapprochait des étoiles.

Au XVIIe siècle, sa plateforme servait en effet de poste d'observation astronomique à ciel ouvert. Le mathématicien et astronome Julius Reichelt y fait ajouter en 1673 un toit en pavillon surmonté d'un lanternon que l'on peut encore voir aujourd'hui. L'observatoire est équipé selon les instruments de l'époque : un quadrant astronomique en bois pour mesurer les angles et les hauteurs des astres au-dessus de l'horizon, une pendule à secondes pour mesurer la gravité, quelques petites lunettes d'observation et une lunette astronomique avec un foyer de presque 5 mètres. De là, les astronomes strasbourgeois ont fait de nombreuses observations, mais aucune grande avancée dans les connaissances astronomiques de l'époque. Le poste d'observation est officiellement désaffecté à la Révolution, mais restera en place jusqu'en 1825.

Un second observatoire vit le jour en 1828 sur le toit de l'Académie, dont l'ambition était d'être un observatoire astronomique digne de ce nom avec des instruments de qualité. Toutefois, l'emplacement ne supportait pas la présence d'une lunette méridienne, pourtant essentielle pour contribuer aux avancées astronomiques.

Il faut attendre 1880 et l'observatoire actuel sur le campus universitaire pour avoir une place dans les étoiles. Guillaume II souhaitant faire de Strasbourg une vitrine de l'empire, le nouveau bâtiment est équipé d'un grand réfracteur, la plus grande lunette d'Europe au moment de son installation. Ce troisième observatoire est aujourd'hui particulièrement renommé, notamment pour son centre de données.

Adresse Place de l'Hôpital, 67000 Strasbourg | **Accès** Tram A/D, arrêt Porte-de-l'Hôpital | **À savoir** Sur la face sud de la tour, une fresque très colorée du XIVe siècle met en scène la crucifixion. Marie y est représentée avec une épée dans le cœur pour marquer sa douleur. Charmante sortie de l'hôpital.

91_La Poterie d'Alsace

L'ambassade de la cité des potiers

Kougelhopf, baeckeoffe, lammele… Que seraient ces monuments de la gastronomie alsacienne sans leur moule ou leur plat si caractéristique ? Tout comme les recettes, on se les transmet de génération en génération, et il y a de fortes chances qu'ils proviennent de Soufflenheim ou de Betschdorf, les deux cités des potiers situées en Alsace du Nord. C'est dans le riche sous-sol de la forêt de Haguenau que l'on prélève l'argile nécessaire à la confection des poteries traditionnelles depuis l'Antiquité. Mais bien que distants d'une dizaine de kilomètres, les deux villages cultivent une tradition propre et bien spécifique.

À Betschdorf, les potiers utilisent depuis le XVIe siècle la technique de la poterie de grès qui consiste à ajouter du sel à l'argile au moment de la cuisson. Avec la température, le sodium et la silice se combinent pour former un émail et rendre la poterie imperméable. Elle se distingue aussi par son style, souvent gris et bleu.

À Soufflenheim, le travail se fait avant la cuisson, à température moins élevée que dans le village voisin. L'argile est plus poreuse, mais permet aussi une décoration plus travaillée. Aux traditionnelles fleurs associées au bleu de l'oxyde de cobalt, au marron du manganèse ou au beige, sa couleur naturelle, la poterie soufflenheimoise s'est modernisée et se décline aujourd'hui en rouge ou en vert.

Parmi les artisans du village de Soufflenheim, Sylvie et Kathia ont pris il y a une dizaine d'années la relève de la poterie familiale Lehmann, fondée en 1888. En 2018, face à la baisse de fréquentation dans le village, elles saisissent l'opportunité de racheter la Poterie d'Alsace, une boutique installée depuis 1860 à Strasbourg. Les deux sœurs y vendent leur production en direct et mettent aussi à l'honneur d'autres potiers de la région pour offrir une gamme aussi variée qu'originale, dont certains exemplaires sont expédiés jusqu'en Australie !

Adresse 3 rue des Frères, 67000 Strasbourg | **Accès** Depuis le parvis de la cathédrale, longer le côté gauche de l'édifice jusqu'à la rue des Frères | **Horaires d'ouverture** Le lundi de 14 h à 19 h, du mardi au samedi de 11 h à 13 h et de 14 h à 19 h | **À savoir** Si vous souhaitez voir comment les poteries sont fabriquées, rendez-vous à Soufflenheim où les portes de leur atelier sont souvent ouvertes.

92 La réserve naturelle du Rohrschollen

Des agrions aux saumons

La Grande Île de Strasbourg est le cœur historique de la ville, battant au rythme du passage des trams, des vélos et des touristes curieux. À 10 kilomètres de là, une île offre un tout autre décor, bien plus sauvage et reposant. Il faut se rendre du côté du Neuhof, traverser sa forêt, pénétrer dans le quartier portuaire pour enfin changer de monde et accéder à une réserve naturelle, entre le vieux Rhin sauvage et sa partie canalisée.

Pour y arriver, il faut d'abord franchir l'imposante écluse qui permet à 20 000 navires de poursuivre leur route sur le Rhin chaque année. Le passage d'un bateau est un véritable spectacle, observable depuis le belvédère. Puis vient le barrage hydroélectrique qui rejette l'eau du fleuve 13 mètres plus bas, après l'avoir transformée en courant électrique grâce à ses six groupes turbines « bulbe ». Enfin, une passe à poissons permet aux poissons migrateurs de franchir le barrage pour remonter vers la Suisse. Les petits spectateurs apprécieront de saluer les saumons à travers une baie vitrée panoramique aménagée spécialement.

Après le barrage, voilà l'île du Rohrschollen, une réserve naturelle créée en 1997 pour protéger 310 hectares de domaine. Quatre sentiers balisés sont proposés aux promeneurs pour partir à la découverte de la faune et de la flore exceptionnelles de l'île, entre forêt, prairies et zones humides.

Le sentier de la forêt-galerie est probablement le plus dépaysant et le plus caractéristique. Pendant près de deux heures, il permet de découvrir la peupleraie humide de l'île sous une voûte naturelle formée par les arbres, franchir les digues sèches et la passerelle en bois ou encore rencontrer les habitants du lieu : agrions, grenouilles ou chevreuils. Une fois arrivés le long du Rhin sauvage, les voiliers au large font presque oublier que l'on est encore à Strasbourg.

Adresse Île de Rohrschollen, 67100 Strasbourg | **Accès** En voiture ou à vélo, se rendre dans le quartier portuaire rue de La-Rochelle puis prendre la rue du Rheinfeld et suivre le panneau Réserve naturelle de l'île de Rohrschollen | **À savoir** Des visites guidées gratuites sont organisées toute l'année par le personnel de la réserve naturelle. Pour y participer, inscrivez-vous 15 jours à l'avance sur le site www.rn-rohrschollen.strasbourg.eu.

93 La résidence Sensations

De l'île aux Épis à l'îlot Bois

Située en plein milieu du Rhin, l'île aux Épis accueille depuis le début du XXe siècle le port de Strasbourg. Aujourd'hui, elle est devenue un quartier en pleine mutation avec l'ouverture en 2004 du jardin des Deux-Rives et la réalisation de projets d'urbanisme ambitieux. Parmi eux, l'îlot Bois est le résultat d'un défi architectural proposé en 2013 par l'Eurométropole : édifier un ensemble d'immeubles en bois à des hauteurs encore rarement atteintes en France et peu énergivore. Le procédé n'est pas nouveau : la Norvège excelle dans la construction de grands ensembles en bois et détient le record mondial du plus grand immeuble en bois avec la tour de Mjøs, au nord d'Oslo, qui culmine à 85 mètres.

À Strasbourg, le projet de 38 mètres est plus modeste, mais il sert d'exemple et contribue à convaincre de la pertinence tant écologiquement qu'économiquement de ce mode de construction. Il vise aussi à structurer une filière bois-construction dont la région pourrait bénéficier. La première réalisation est sortie de terre en trois mois seulement, bien que plusieurs années de recherches et de développement aient été nécessaires à ses concepteurs pour imaginer la structure 100 % bois la plus haute jamais construite en France.

Aujourd'hui, à quelques pas de la clinique Rhéna, la résidence Sensations se démarque discrètement et fait figure de proue de l'îlot Bois. Ici, pas de grands blocs de bétons coulés ou préfabriqués comme dans les constructions voisines. L'ensemble comprend trois immeubles de 146 logements et commerces dont les noyaux centraux, les planchers, les poteaux-poutres, les murs porteurs et la façade sont en bois. Les matériaux sont majoritairement naturels, recyclables et à faible émission de polluants.

Récompensé en 2020 par le Prix national de la construction bois, le projet verra pousser à ses côtés d'autres ensembles conçus sur des principes similaires.

Adresse 30 Avenue de Vitry-le-François, 67000 Strasbourg | **Transports en commun** Tram D, arrêt Port-du-Rhin | **À savoir** L'îlot Bois est un clin d'œil involontaire à une autre construction en bois qui se trouvait sur cette île deux siècles et demi plus tôt : le pavillon qui a accueilli Marie-Antoinette en 1770 pour la cérémonie de remise de l'épouse.

94_Le Rhin Tortu

Pagayer dans les méandres sauvages

Dans la forêt du Neuhof, le Rhin Tortu ondule pour se frayer un passage. La faune y est riche et diversifiée. Les truites suivent le courant, les martins-pêcheurs s'envolent dès qu'un promeneur s'approche et les canards colverts barbotent tranquillement à l'ombre des arbres. Vous n'aurez toutefois pas l'occasion d'y voir une quelconque tortue. Si le nom du cours d'eau peut prêter à confusion, il n'a aucun rapport avec l'animal. En alsacien, on l'appelle « *Krumme Rhin* » ou « *Krimmeri* », ce qui signifie « Rhin tordu ». La déformation du nom a donné Rhin Tortu en français.

Ce bras non canalisé de l'Ill préserve son caractère sauvage, même lorsqu'il pénètre dans la ville, le long de la Meinau. Ses 22 kilomètres offrent une échappée naturelle séduisante et apaisante depuis le plan d'eau de Plobsheim où il démarre, et jusqu'à la grande mosquée de Strasbourg où il rejoint l'Ill. L'un des meilleurs moyens pour en profiter, c'est en paddle. Debout sur une planche, une pagaie à la main, on se laisse bercer par le doux son des clapotis pour mieux profiter du paysage.

Si cette pratique, née dans les eaux du Pacifique, s'est beaucoup développée dans les régions côtières françaises, elle reste encore assez méconnue en Alsace. Il s'agit pourtant d'un sport très accessible, bon compromis entre surf et kayak. À Strasbourg, Olivia Jaxel fournit tout le matériel nécessaire pour faire du *stand-up paddle* (ou « SUP » pour les initiés) et propose trois itinéraires de balades en autonomie autour de Strasbourg : sur l'Ill entre Erstein et Illkirch, sur le vieux Rhin du côté allemand et sur le Rhin Tortu. Pour cette dernière, la magnifique balade entre Plobsheim et la Ganzau vous fait pénétrer dans la forêt luxuriante et passer non loin du chêne Napoléon, planté au moment du règne de l'Empereur. Au bout de trois heures, vous arrivez non loin des moulins Becker, pour un retour assez étonnant à la civilisation.

Adresse SUP To Go, rue Thiergarten, 67000 Strasbourg | **Accès** Départ de la balade depuis la mairie ou le plan d'eau de Plobsheim, arrivée près de la ferme éducative de la Ganzau | **Horaires d'ouverture** Activités proposées du printemps à l'automne | **À savoir** SUP To Go loue son matériel sur rendez-vous et propose un calendrier de sorties avec acheminement sur son site : www.sup-to-go.com.

95_Les ruches des Galeries Lafayette

Le miel de la place Kléber

Contrairement à la croyance commune, les abeilles quittent aujourd'hui les campagnes et leurs pesticides pour trouver un terrain de jeu riche et varié dans les nombreux parcs, espaces verts ou tout simplement jardinières des balcons des grandes villes. Mais une fois le nectar récolté, encore faut-il que les petites ouvrières trouvent un endroit pour le transformer en miel !

Pour cela, elles peuvent se rendre sur le toit de l'un des bâtiments les plus emblématiques du centre-ville. Les Galeries Lafayette ont en effet installé dix ruches en septembre 2013 pour contribuer, à leur façon, à la biodiversité locale. Aujourd'hui, près de 300 000 abeilles viennent y trouver refuge pour produire leur miel, récolté deux à trois fois par an par Thierry Colin, un apiculteur installé du côté de Haguenau. Au total, les petites ouvrières des Galeries Lafayette produisent chaque année environ 120 kilogrammes de miel, soit l'équivalent d'un millier de pots. Ce « miel place Kléber » est ensuite offert aux employés et aux clients du magasin. L'initiative de l'établissement strasbourgeois a d'ailleurs fait des émules dans le groupe puisque des ruches ont à leur tour été installées sur les toits des magasins de Nice, de Montpellier ou encore de Nantes.

À Strasbourg, d'autres endroits accueillent des abeilles. Depuis bien longtemps, elles trouvent refuge dans les trous de boulin de la cathédrale – et des ruches y ont été installées récemment par APIterre avec la fondation de l'Œuvre Notre-Dame. À quelques mètres à vol d'abeille, on peut voir également des ruches sur le toit de l'Assurance maladie rue de Lausanne. Une partie du miel qui y est produit est offerte à l'épicerie solidaire de Caritas à Woerth. Enfin, le Vaisseau, centre de culture scientifique, possède une ruche d'observation dans son jardin et propose des ateliers pour percer tous les mystères du miel et des abeilles.

Adresse 34 rue du 22-Novembre, 67000 Strasbourg | Transports en commun Tram A/D, arrêt Langstross – Grand'Rue | Horaires d'ouverture Du lundi au samedi, de 11 h à 19 h | À savoir Les Galeries Lafayette proposent des visites guidées sur rendez-vous pour découvrir les secrets du grand magasin strasbourgeois.

96_La rue du Jeu-des-Enfants

La rue est à nous

Transformer une rue terne et un peu oubliée en une rue piétonne, végétalisée et colorée, c'est le pari réussi des riverains de la rue du Jeu-des-Enfants soutenus par des bénévoles, des associations et même par la municipalité.

Il est vrai qu'avant sa transformation en 2017, la rue n'était pas très engageante : son entrée est marquée du côté de la place de l'Homme-de-Fer par l'imposante tour Valentin-Sorg, un immeuble en béton de 15 étages construit en 1955 pour reloger des familles du quartier. Il accueillait autrefois au dernier étage un restaurant gastronomique avec une vue magnifique sur la cathédrale. L'autre côté du trottoir est occupé par l'Europ'Café. On passait alors souvent devant la rue sans y prêter attention, attentifs plutôt à la circulation dense afin de s'assurer qu'on pouvait traverser en toute sécurité.

À contrario, aujourd'hui, le regard est attiré dès l'entrée de la voie. Au sol, les dalles et la chaussée sont peintes en jaune, bleu et orange. Les poteaux aussi ont reçu un coup de pinceau et nous observent de leurs yeux multicolores. L'escalier en béton de la tour a été repeint en orange et sa courbe ascendante accueille des stickers décomposant l'envol d'un colibri. Des tables et des tabourets permettent de prendre un café ou lire son journal avec la cathédrale et le ballet des trams en toile de fond. Plus haut, la façade de la tour est désormais occupée par une imposante fresque d'une cavalière chevauchant une monture un peu folle de la street-artiste Williann.

Ainsi, la promenade à pied ou à vélo dans la rue devient agréable, presque bucolique tant la végétation reprend progressivement ses droits à l'initiative des habitants et avec le concours de Strasbourg ça pousse, un projet de végétalisation mené par la ville. La rue s'est également transformée en un espace artistique à ciel ouvert avec des réalisations aussi colorées que poétiques par Dan23 ou Céline Clément.

Adresse Rue du Jeu-des-Enfants, 67000 Strasbourg | **Transports en commun** Tram depuis l'arrêt Homme-de-Fer ou Alt Winmärik | **À savoir** Au Neudorf, la rue du Ruisseau-Bleu est aussi un bel exemple d'une rue transformée par ses habitants. Elle est aujourd'hui dotée d'un jardin partagé et d'une fête annuelle : la Baignade du Ruisseau-Bleu.

97_La salle Mozart

La ville ne peut plus s'en passer

Mozart séjourne trois semaines à Strasbourg sur le chemin pour rentrer à Salzbourg. Il revenait assez amer d'un séjour à Paris où il n'avait pas rencontré le succès qu'il espérait. Pourtant, alors âgé de seulement 22 ans, le compositeur autrichien connaissait déjà une belle notoriété en Europe – l'enfant prodige avait joué dans les plus grandes villes lors d'une tournée avec son père entre 1762 et 1766, qui l'avait amené à Munich, Mannheim, Versailles ou encore à Genève. À son arrivée à Strasbourg le 10 octobre 1778, il avait déjà composé quelque 300 œuvres et mesurait parfaitement l'étendue de son génie.

Mais l'accueil en Alsace semble plutôt glacial. Dans une correspondance à son père, Mozart déplore en effet le maigre public qui assiste à son grand concert au théâtre le 24 octobre. Il semble pourtant très demandé dans la ville et conclut même sa lettre en indiquant que « Strasbourg ne peut presque pas se passer de moi ». Finalement, il prolonge son séjour en raison d'inondations importantes dans la cité. L'occasion pour lui de jouer pour le plaisir et de faire vibrer à plusieurs reprises les « deux meilleurs orgues Silbermann » du Temple neuf et de Saint-Thomas. À la recherche d'un emploi intéressant, Mozart aurait même pu s'installer définitivement à Strasbourg si le poste d'organiste de la cathédrale s'était libéré. Mais le maître de chapelle François-Xavier Richter restait indétrônable malgré son âge et sa grande consommation d'alcool.

Il quitte finalement la cité le 3 novembre 1778. Son séjour strasbourgeois l'aura probablement marqué. Au moment où il compose *La Flûte enchantée*, il met aussi en musique le poème d'un maçon utopiste strasbourgeois, Franz Heinrich Ziegenhagen. La ville garde quant à elle une trace de son passage avec cette jolie salle Mozart aux lambris dorés à pilastres. C'est dans cette salle aujourd'hui classée de l'ancien hôtel de la Tribu des Marchands (ou Poêle du Miroir) qu'il aurait donné son premier concert.

Adresse 1 rue du Miroir, 67000 Strasbourg | Transports en commun Tram A/D, arrêt Langstross – Grand'Rue | Horaires d'ouverture La salle est fermée au public mais peut être louée pour des événements | À savoir Dans l'église Saint-Thomas, l'orgue Silbermann est le mieux conservé à Strasbourg. C'est sur ses touches que Mozart posa ses doigts en 1778.

98 Les salons de l'empereur

Salons d'exception pour grands voyageurs

Dans les gares, il règne toujours une ambiance particulière. Des passagers se pressent pour attraper leur train. D'autres attendent en faisant les cent pas ou improvisent un concert sur le piano en libre-service. Parfois, il peut être bon de laisser son regard se perdre et s'accrocher sur des détails. La gare de Strasbourg n'en manque pas !

Elle fut le premier chantier lancé par les Allemands en 1878 après l'annexion. La capitale du nouveau *Reichsland* devait être une formidable vitrine de l'empire, le train étant un enjeu stratégique. On fit alors appel aux meilleurs architectes pour imaginer un bâtiment à la fois fonctionnel et magistral. C'est le projet de Johann Eduard Jacobsthal qui fut retenu : une gare symétrique à deux niveaux et de larges souterrains sous les voies. L'architecte s'était déjà illustré quelques années auparavant avec la gare de Metz. Le 15 août 1883, le premier train arriva en provenance de Kehl, inaugurant ainsi la nouvelle gare de Strasbourg. Mais il faut attendre 1898 pour qu'elle soit véritablement achevée et puisse accueillir dignement les voyageurs, et notamment l'empereur Guillaume II.

À l'étage, on fit aménager des appartements richement décorés pour recevoir le souverain et son épouse lors de leur descente du train. Un escalier monumental en marbre fut même ajouté en 1902 pour accéder discrètement au parvis. Mais le couple impérial n'aurait jamais occupé les lieux.

Un siècle plus tard, dans le cadre du chantier du TGV Est, la SNCF décida de rénover complètement ces salons d'exception et de leur redonner leur aspect original de 1883. Seuls les titulaires de la carte Grand Voyageur peuvent aujourd'hui y accéder pour se détendre ou lire tranquillement. Les autres voyageurs doivent attendre les Journées du patrimoine ou se contenter d'un aperçu des plafonds et des magnifiques lustres dorés depuis le quai n° 1 ou depuis la verrière.

Adresse 20 place de la Gare, 67000 Strasbourg | **Transports en commun** Tram A/C/D, arrêt Gare-Centrale | **Horaires d'ouverture** Accessible uniquement pour les titulaires de la carte Grand Voyageur du lundi au vendredi, de 5 h 30 à 21 h 30 et du samedi au dimanche, de 7 h à 20 h | **À savoir** Depuis la verrière, on peut observer les jolis vitraux en verre coulé d'Innsbruck réalisés par les frères Ott. Arriverez-vous à distinguer la silhouette d'un bâtiment strasbourgeois emblématique ?

99 — Les sept cépages alsaciens

Une ville bien couronnée

De l'arrivée des Romains en 58 avant Jésus-Christ à nos jours, l'Alsace cultive une longue tradition viticole qui a fortement marqué Strasbourg. Les premières vignes de la région étaient installées du côté de Marlenheim et formaient, à une vingtaine de kilomètres à l'ouest de Strasbourg, une « couronne d'or ». Grâce à sa situation géographique privilégiée et à sa viticulture, la ville prospère et devient une importante cité commerciale sur le Rhin. Le précieux breuvage était livré par chariot depuis les coteaux de la Couronne d'or ou par bateau jusqu'au port de l'Ancienne Douane pour ceux de Haute-Alsace. Le commerce du vin s'organise vers le XIIIe siècle avec l'apparition d'un marché aux vins à l'emplacement de l'actuelle rue du Vieux-Marché-aux-Vins (Alt Winmärik). Grâce à son port, Strasbourg alimentait alors l'Europe entière et participait à la renommée des vins d'Alsace, décrits en 1576 comme « les meilleurs vins du monde » par la reine Élisabeth d'Angleterre.

Le commerce du vin, et notamment son exportation, apportait d'importantes ressources financières à la ville qui menait alors une politique fiscale audacieuse et originale en taxant tous les intermédiaires – la TVA avant l'heure. C'est cette richesse nouvellement acquise qui permit aux Strasbourgeois de financer la construction de leur nouvelle cathédrale, plus haut édifice du monde pendant plus de 200 ans. Le vin participait également au développement de nombreux métiers : tonneliers, marchands de vin, aubergistes, bateliers ou encore les plus originaux « crieurs de vin » qui annonçaient les prix pratiqués dans les auberges.

Cette longue histoire de Strasbourg et le vin nous est rappelée sur la place des Tripiers où les commerçants du quartier des Tonneliers et les vignerons de la Couronne d'or ont installé, en l'an 2000, un énorme tonneau de 6 770 litres et sept pieds de vigne en hommage aux sept cépages alsaciens.

Adresse Place des Tripiers, 67000 Strasbourg | Transports en commun Tram A/D, arrêt Grand'Rue | À savoir À deux pas du tonneau se trouve la statue du chevalier Liebenzeller, figure de la bataille de Hausbergen qui permit à Strasbourg de s'affranchir de son évêque et devenir une ville libre, séparée du Saint Empire romain germanique.

100_Le Shadok

La fabrique du numérique

Depuis le départ de l'armateur Seegmuller en 2000, la presqu'île Malraux s'est profondément transformée, mais a toutefois gardé une grande partie de son patrimoine. La grande tour, qui servait jadis de silo à grains, est aujourd'hui remplie d'étudiants. Les anciens entrepôts accueillent désormais plus de 160 000 documents de la grande médiathèque. En face de son entrée, deux grues témoignent du passé industriel et portuaire du site, de même pour les voies de chemin de fer que l'on suit pour remonter de la presqu'île jusqu'aux anciens docks.

Ce long bâtiment industriel, construit en 1932, fut le premier à investir les lieux après le grand incendie qui a ravagé le port. Sa fonction a radicalement changé en 2014. Désormais investie de bureaux et d'habitations, sa structure d'origine accueille également le Shadok, la fabrique du numérique strasbourgeoise. Le nom fera sourire certains. Il est une référence amusante à cette série télévisée des années 70, où de drôles de personnages passaient leur temps à inventer et construire des machines improbables, toujours vouées à l'échec.

Dans cette version moderne et strasbourgeoise, l'approche est tout aussi expérimentale, mais parfois couronnée de succès. Les sujets sont variés : on y parle d'art, de design, de technologie et de projets innovants dans un cadre convivial. On a également la possibilité d'expérimenter grâce au Fab Lab, ce laboratoire qui permet de fabriquer toutes sortes d'objets grâce à des machines et des outils mis à disposition.

Parfois, les idées sortent des murs comme avec EC(H)O, un parcours sonore né de la rencontre entre institutions, entreprises locales et artistes. À l'aide de votre smartphone et un casque sur les oreilles, l'application vous fera découvrir la presqu'île à travers 34 « bulles » qui, sur une composition sonore de Gaëtan Gromer, révéleront des poèmes originaux de Claudine Bohi et Germain Roesz.

Adresse 25 presqu'île André Malraux, 67100 Strasbourg | Transports en commun Tram C/E, arrêt Winston-Churchill | Horaires d'ouverture Du mercredi au samedi de 14 h à 17 h | À savoir Le Shadok propose de nombreuses manifestations et événements ouverts au public. Retrouvez la programmation sur le site www.shadok.strasbourg.eu.

101 Le Square Indoor

Réservé aux grands enfants

Dans les parcs de loisirs, vous regardez avec envie les enfants plonger dans la piscine à boules et sauter dans tous les sens dans le château gonflable. Quelque part, vous aimeriez bien être à leur place : vous amuser avec les copains et les copines l'espace d'un instant, en toute insouciance. Ce rêve va devenir réalité ici-même !

À Geispolsheim, le Square Indoor est le premier complexe de jeux entièrement réservé aux adultes. Dans ce grand hangar de 960 mètres carrés, les grands retombent en enfance dans une ambiance fun et décontractée. Le ton est donné dès la pancarte de l'entrée : « Jouer à saute-mouton avec une licorne, c'est trop risqué ». Rassurez-vous, vous n'en trouverez pas là-bas ! À la place, trois espaces vous attendent. Le premier est un bar à jeux où l'on peut prendre le goûter avec une bonne tartine de Nut'Alsace, la pâte à tartiner locale, en sirotant un Kombucha bio *made in* Strasbourg. Près de 120 références de jeux de société sont à disposition pour passer un moment agréable entre amis jusqu'à l'apéro dînatoire avec une bière Licorne accompagnée de fromages locaux et de charcuteries artisanales.

Pour faire passer tout ça, rendez-vous dans le deuxième espace où un saut dans la piscine à boules s'impose. L'activité est régressive à souhait. Mais ce n'est rien à côté des immenses jeux gonflables qui vous attendent dans la salle d'à côté. Vous pourrez vous prendre, au choix, pour une mouche, un joueur de baby-foot géant ou encore un chevalier dans une joute d'énormes cotons-tiges.

À moins que vous préfériez une activité qui fait appel à votre réflexion ? Dans ce cas, rendez-vous au vernissage macabre de l'artiste Makamo Yokito dans le dernier espace. Attention toutefois : la réception ne se passera pas comme prévu. Dans cet *escape game* inspiré de faits réels, vous devrez résoudre plusieurs énigmes pour espérer sortir vivants…

Adresse 1 rue du Fort, 67118 Geispolsheim | Accès Depuis Strasbourg, emprunter l'A 35 jusqu'à La Vigie. Au rond-point, prendre la direction ZI du Fort. Entrée du parking rue du Maréchal-Foch | Horaires d'ouverture Le mardi et mercredi de 14 h à 21 h, le jeudi et vendredi de 14 h à 23 h, le samedi de 11 h à 23 h et le dimanche et jours fériés de 11 h à 20 h | À savoir Réservez vos activités directement en ligne sur www.le-square-indoor.fr. L'espace peut également être entièrement privatisé pour accueillir jusqu'à 100 personnes.

102_Strasbourg Eaux-Vives

Explorer la ville à dos de dragon

Une drôle d'embarcation vogue parfois sur les eaux de l'Ill. Au son du tambour, l'équipage pagaie en rythme, cinq à droite, cinq à gauche, jusqu'à la Petite France. À l'arrière, le barreur les dirige. Le bateau arbore une étonnante tête de dragon à sa proue et se termine à la poupe par la queue de l'animal.

Ce bateau s'inspire des embarcations ancestrales que l'on trouve en Chine, lors de la fête du bateau-dragon. À cette occasion, des équipages s'affrontent dans une grande course nautique en mémoire de Qu Yuan, un poète qui se jeta dans la rivière Miluo il y a plus de 2 000 ans pour protester contre la corruption dans le royaume et que les pêcheurs tentèrent de sauver, tambours hurlants, à bord de leurs pirogues.

À Strasbourg, il n'est pas question de compétition ni de célébration ancestrale. Le bateau-dragon est utilisé par l'association Strasbourg Eaux-Vives dans le cadre du programme Sport Santé pour lequel la ville est pilote. Très accessible, la pratique sportive sur ce type d'embarcation est particulièrement adaptée après une opération cardiaque ou un cancer du sein pour se muscler en douceur et en profondeur. Elle a aussi le mérite de fédérer les gens dans un esprit convivial. Il n'y a qu'à voir l'équipage, tout de rose vêtu, mobilisé chaque année contre le cancer du sein lors de la course à pied « La Strasbourgeoise ».

Au-delà du sport santé, le *Dragon Boat* sert aussi pour des balades insolites autour de Strasbourg. Pendant deux heures et demie environ, les participants découvrent un autre visage de la ville, au fil de l'eau et au rythme du tambour. L'association propose également des promenades plus classiques, mais néanmoins dépaysantes à bord de canoës. Au départ du barrage sur l'Ill, face à la base nautique, embarquez pour découvrir un aspect calme et sauvage de la ville. Dans ce tour de l'Aar, vous ne croiserez pas de voiture ou de vélo, mais des hérons, des martins-pêcheurs ou des foulques.

Adresse 36 rue Pierre-de-Coubertin, 67000 Strasbourg | Transports en commun Tram E, arrêt Parlement-Européen, puis descendre vers la piscine du Wacken et le Centre européen de la jeunesse | À savoir L'association propose des activités sportives, des stages scolaires et des locations de bateaux. Tous les détails sont sur www.strasbourgeauxvives.org.

103 Le TAPS Scala

De la bobine aux planches

Le samedi matin, la place du marché du Neudorf est particulièrement animée. Le quartier le plus peuplé de Strasbourg prend un air de gros village où voisins, collègues et parents d'élèves se croisent et discutent en allant au marché. Le Neudorf est pourtant un quartier récent. Il s'est fortement développé à partir du milieu du XIXe siècle, avec la régulation du Rhin, de l'Ill et des innombrables canaux qui rendaient cette plaine humide et inondable. Son urbanisation s'est accélérée sous l'Empire allemand pour accompagner les activités industrielles de la ville et accueillir les familles venant d'outre-Rhin et des campagnes alsaciennes. Le Neudorf devient le quartier le plus peuplé de Strasbourg dès 1875 et compte déjà 26 000 habitants en 1910.

Son essor s'est accompagné de la construction de nombreuses infrastructures comme les écoles du Neufeld ou de la Musau. En 1939, le Neudorf voit apparaître en son centre une jolie salle de cinéma comme de nombreux quartiers strasbourgeois. Dans ce bâtiment Art déco, le cinéma Scala n'a rien à envier à ceux du centre-ville. Mais la guerre est déclarée en 1939. Le quartier subit des bombardements alliés le 6 septembre 1943 qui feront 214 victimes civiles et 673 blessés. Épargné, le cinéma sert alors de chapelle ardente, comme le rappelle la plaque apposée en 2004 sur la façade.

Le cinéma reprend son activité après-guerre, mais voit sa fréquentation chuter dans les années 70. Il ferme ses portes en 1975 pour se transformer quelque temps plus tard en magasin de jeans, le Scala-Jeans. La ville de Strasbourg rachète le lieu en 1995 pour lui redonner sa vocation culturelle. Après cinq ans de travaux, le bâtiment arbore une nouvelle et étonnante teinte rouge et ouvre ses portes au public. Le TAPS Scala est désormais un théâtre urbain confortable et chaleureux, qui offre au public une grande proximité avec les artistes.

Adresse 96 route du Polygone, 67100 Strasbourg | Transports en commun Tram C/D/E, arrêt Landsberg ou Tram A/E, arrêt Krimmeri – Stade-de-la-Meinau | Horaires d'ouverture Consulter le programme des spectacles sur https://taps.strasbourg.eu | À savoir Le théâtre accueille une brasserie au rez-de-chaussée avec bière maison et plats typiques des brasseries.

104_ Tchungle

Dans la jungle urbaine

Sous les arcades de la rue de la Division-Leclerc, une jungle urbaine s'est installée. Les grandes vitrines, autrefois occupées par des luminaires en pâte de verre, offrent aujourd'hui le spectacle d'une nature luxuriante qui ne laisse pas les passants indifférents. Elle apporte aussi une touche verte bienvenue dans cette rue très minérale.

La boutique se démarque assez nettement des jardineries traditionnelles. Tchungle se décrit comme une jardinerie urbaine avec une gamme riche d'un millier de plantes d'intérieur qui se trouvent rarement ailleurs. On y déniche aussi une belle sélection de pots et d'objets de décoration réalisés par des artisans locaux, des graines bio et non hybrides d'Alsagarden ou encore les originales cartes à planter de Lulu.

L'ambiance est particulièrement soignée et chaleureuse autour d'un univers original qui commence dès le nom. Pour comprendre son origine, prononcez le mot « jungle » avec un bon accent alsacien ou allemand comme a pu le faire la maman de Stéphane, l'un des deux fondateurs. Avec sa compagne Jennifer, architecte de formation, ils ont imaginé un concept qui va au-delà du simple achat d'une plante. Elle devient un objet de décoration à part entière lorsqu'elle est associée à un pot méticuleusement choisi en béton ou terre cuite. Elle s'adapte aussi au propriétaire.

Tchungle cherche à combattre l'idée selon laquelle certains n'ont pas la main verte. Jennifer et Stéphane accompagnent chaque client pour choisir la bonne plante adaptée à son intérieur en fonction de la pièce, de la luminosité ou de l'exposition. Ils prodiguent aussi des conseils d'entretien, particulièrement précieux pour les débutants. Pour aller plus loin, le couple propose également des ateliers pour apprendre à rempoter, à réaliser son terrarium ou à décorer son pot. Certains sont même réservés aux enfants pour leur mettre très tôt les mains dans la terre.

Adresse 20 rue de la Division-Leclerc, 67000 Strasbourg | **Transports en commun** Tram A/D, arrêt Langstross – Grand'Rue | **Horaires d'ouverture** Du mardi au samedi, de 10 h à 19 h | **À savoir** Née pendant la crise du coronavirus, Tchungle s'est vite adaptée en proposant une boutique en ligne avec un service de retrait en *click and collect*.

105 Le temple du Bouclier

L'héritage de Jean Calvin

Dans la rue du Bouclier, le temple, bien plus discret que l'église Saint-Thomas voisine, passe presque inaperçu. Seul le timide clocher sert d'indice, ainsi que la plaque apposée à côté du portail sur laquelle est marqué « Église réformée Strasbourg Bouclier ». L'œil avisé sera attiré au fond de la cour par une plaque de marbre et parviendra à y lire : « Aux premiers pasteurs de l'Église des réfugiés français, Jean Calvin, 1538-1541, Pierre Brully, 1534-1544. Leurs œuvres les suivent. »

Au XVIe siècle, Strasbourg était au cœur de la Réforme avec ses neuf paroisses luthériennes germanophones : elle attirait ainsi des personnalités très influentes comme l'humaniste Jean Sturm ou le pasteur Martin Bucer. Ce dernier demanda à son ami Jean Calvin de le rejoindre pour devenir le pasteur des protestants francophones qui avaient trouvé refuge dans la ville.

Arrivé de Genève en 1538, Calvin officie d'abord aux églises Saint-Nicolas, Sainte-Madeleine et des Dominicains (l'actuel Temple neuf) où il réunit entre 400 et 500 fidèles. Il enseigne aussi la théologie à la Haute École (l'actuel gymnase Sturm) et rédige plusieurs ouvrages majeurs. Calvin publie notamment en 1541 la traduction française de sa grande œuvre, *L'Institution de la religion chrétienne*. Elle sera même le premier ouvrage de théologie imprimé en langue française. Par la suite, Calvin se marie avec Idelette de Bure et accède à la bourgeoisie. Rappelé à Genève en 1541, il pense n'y passer que six mois, mais y reste finalement jusqu'à la fin de sa vie. Ses trois années passées à Strasbourg seront les plus heureuses de son existence, écrira-t-il plus tard.

La communauté protestante s'exile quant à elle à Wolfisheim pendant près de deux siècles. Profitant de l'édit de tolérance de Louis XVI, elle est autorisée à fonder l'église du Templier en 1787, qui doit toutefois se confondre avec les bâtiments alentour et se passer de clocher. Ce dernier est ajouté en 1905.

Adresse 4 rue du Bouclier, 67000 Strasbourg | **Transports en commun** Tram A/D, arrêt Langstross – Grand'Rue puis remonter la Grand'Rue jusqu'à la rue du Bouclier | **Horaires d'ouverture** Le lundi, mardi, jeudi et vendredi de 9 h à 12 h, le dimanche de 10 h 30 à 12 h | **À savoir** Quasiment en face de l'église se cache un discret spa avec hammam et sauna. À découvrir dans l'hôtel du Bouclier d'Or.

106 Le Tigre

La renaissance d'une brasserie mythique

Il existe de nombreux restaurants à Strasbourg. Certains ont une histoire singulière, une particularité architecturale ou proposent des spécialités très appréciées. La brasserie du Tigre coche les trois cases et ne fait rien comme les autres. Sa grande façade noire contraste avec les autres immeubles de la rue. On la croirait presque frappée par les flammes. Heureusement, ce bâtiment historique n'a subi qu'un bon coup de pinceau sur sa façade Art déco.

Dans cet endroit, on brassait de la bière depuis 1795 lorsque Abraham Jost fonda la brasserie Le Tigre. La renommée vint bien plus tard. Après l'avoir rachetée en 1919, Kronenbourg y créa une bière mythique : la Tigre Bock. Le propriétaire des lieux fit même entièrement raser le bâtiment pour y reconstruire, en 1931, celui que l'on connaît aujourd'hui. La brasserie était alors la plus grande de l'est de la France et un lieu plein de vie jusque dans les années 60. Elle se transforma ensuite en restaurant universitaire de 1964 à 2013.

En 2018, Le Tigre renaît de ses cendres grâce à Geoffroy Lebold qui tombe amoureux du lieu. Il arrive à embarquer Kronenbourg dans l'aventure pour proposer un endroit où la bière est encore brassée. La mythique marque se décline aujourd'hui en 5 bières brassées sur place sous l'œil attentif du maître brasseur Jérôme Lauth. Mais on vient aussi au Tigre pour manger. L'endroit est particulièrement réputé pour ses délicieuses tartes flambées fidèles à la tradition. L'établissement a d'ailleurs rejoint en 2019 la Confrérie du véritable flammekueche qui veille tout particulièrement au respect de la recette.

Le cadre, enfin, se prête à merveille à un moment de détente. À l'abri des regards du Faubourg, la grande cour prend en été des airs de *Biergarten* bavarois. À l'intérieur, un tigre majestueux nous accueille sous la superbe verrière Art déco.

Adresse 5 rue du Faubourg-National, 67000 Strasbourg | **Transports en commun** Tram B, arrêt Faubourg-National | **Horaires d'ouverture** Du lundi au dimanche de 11 h à 1 h 30 | **À savoir** Au sous-sol, l'ancienne salle de brassage a été transformée en caveau qui peut être privatisé.

107 La tour Elithis Danube

Une tour énergique

Sur d'anciennes friches portuaires pousse désormais l'éco-quartier du Danube, un projet d'urbanisme important, témoin de l'ambition éco-responsable de la municipalité de Strasbourg. Tel un phare moderne sur le Rhin, une tour de 57 mètres de hauteur se dresse là, impossible à manquer, au pied de l'arrêt de tram Winston-Churchill. Inaugurée en 2018, la tour Elithis Danube rappelle la forme d'un périscope qui observerait la ville au-dessus du bassin d'Austerlitz. Mais ce n'est pas cette ressemblance pourtant étonnante qui est le plus remarquable.

En effet, elle peut s'enorgueillir d'être la première tour de logements à énergie positive au monde. Lors de sa conception, tout a été pensé pour que l'immeuble d'habitation produise plus d'énergie qu'il n'en consomme. Pour ce faire, les façades et le toit sont équipés de 1 233 mètres carrés de panneaux photovoltaïques censés couvrir 112 % des besoins électriques des occupants. Le bâtiment utilise également le réseau de chaleur biomasse du quartier pour le chauffage et l'eau chaude. Enfin, sur les principes des constructions passives, l'isolation et l'exposition de la tour ont été optimisées pour limiter les pertes de calories et l'utilisation de la lumière artificielle.

Tout cela se traduit sur la facture d'électricité des 66 locataires qui s'élève en principe à moins de 100 euros par an et par logement. En cas de facture négative, la différence serait reversée en « Stück », la monnaie locale strasbourgeoise. Au-delà de l'aspect économique et éco-responsable, les locataires bénéficient aussi d'un lieu partagé au 16e et dernier étage, baptisé le « Cœur social » et accessible depuis un ascenseur panoramique. Cette terrasse couverte mais ouverte à tous les habitants se transforme en véritable lieu de vie avec barbecue et écran de projection. Surtout, la vue est assez spectaculaire dans le viseur de ce périscope avec la cathédrale en toile de fond.

Adresse 16 rue Edmond-Michelet, 67100 Strasbourg | **Transports en commun** Tram C/E, arrêt Winston-Churchill | **À savoir** Un viaduc autoroutier d'une dizaine de mètres de hauteur enjambait autrefois le canal pour relier le Neudorf et l'Esplanade. Le « pont Churchill » a été détruit en 2006 pour permettre le passage du tram et le développement du quartier.

108_La tour de l'Institut de physique

Un Nobel sans fil

L'université de Strasbourg est particulièrement fertile en prix Nobel. Elle compte aujourd'hui dans ses rangs quatre « Nobel » encore en activité, une véritable exception en France. Jean-Pierre Sauvage est le dernier à avoir été primé en 2016 pour ses travaux sur la conception et la synthèse de machines moléculaires. Avant lui, la prestigieuse récompense a été remise à Martin Karplus (2013) et Jean-Marie Lehn (1987) en chimie et Jules Hoffmann (2011) en physiologie et médecine. Au total, l'université strasbourgeoise compte 18 prix Nobel depuis 1871, date à laquelle elle est élevée au rang d'Université impériale avec l'ambition de devenir l'une des meilleures du monde.

Les savants les plus brillants arrivent alors pour poursuivre leurs travaux à Strasbourg, dont quelques personnages illustres. On pense à Nikola Tesla, envoyé par la société d'Edison pour résoudre des problématiques liées au courant continu du transport ferroviaire allemand. À Strasbourg, l'ingénieur met au point en 1883 son premier moteur électrique à courant alternatif.

Quelques années plus tard, c'est Karl Ferdinand Braun qui prend la direction de l'Institut de physique. Il y conçoit un tube cathodique qui permettra plus tard d'imaginer les écrans d'ordinateurs ou de télévision. Il s'attaque ensuite à la télégraphie sans fil en résolvant la problématique de distance des ondes sur laquelle un physicien italien, Guglielmo Marconi, butait. C'est depuis la tour de l'Institut qu'il réalise ses expériences. Entièrement creuse et sans matériaux ferreux, elle s'y prête à merveille. Les premiers résultats dépassent toutes les attentes : Ferdinand Braun brevette sa découverte et crée la société Telebraun. Elle deviendra en 1903 la société Telefunken et aura le monopole de la télégraphie sans fil en Allemagne. Sa découverte lui vaut également de recevoir le prix Nobel de physique en 1909, partagé avec Marconi.

Adresse 3 rue de l'Université, 67000 Strasbourg | **Transports en commun** Tram C/E/F, arrêt Université | **À savoir** La tour a été construite à l'origine pour accueillir un pendule de Foucault permettant de montrer la rotation de la Terre. Les sculptures de la façade font quant à elles référence aux disciplines enseignées.

109_L'usine Junkers Flugzeug und Motorenwerke

Le temple du Bauhaus

La plaine des Bouchers de la Meinau n'est probablement pas l'endroit le plus attirant de Strasbourg. Il y existe pourtant quelques pépites qui valent le détour. Parmi elles, un ensemble de tours en brique aux lignes rectangulaires se démarque des entrepôts en taule environnants. Il est souligné par une importante fresque peinte sur le mur d'enceinte par le street-artiste Pisco Logik. Sur l'un des pans s'inscrit en gros le mot « Junkers », en hommage au fabricant allemand de moteurs d'avion Junkers Flugzeug und Motorenwerke.

En 1941, les dirigeants de l'entreprise font construire une usine de production et d'essai à Strasbourg située à côté des usines automobiles Mathis, réquisitionnées au début de la guerre. Ils confient le chantier à Herbert Rimpl, un architecte allemand réputé, adepte du style Bauhaus. Ce courant artistique et architectural, né en 1919 à Weimar, en Allemagne, se traduit par un style rigoureux et géométrique qui se veut aussi fonctionnel qu'esthétique. L'usine Junkers en est le parfait exemple et, surtout, l'une des rares constructions de ce type à Strasbourg. Les 24 tours s'élèvent à 12 mètres de hauteur et sont tapissées de briques creuses qui assurent l'isolation acoustique. Leur sommet est ouvert pour permettre l'évacuation des fumées d'échappement des moteurs lors des essais. L'usine a d'abord servi à l'entretien des moteurs de bombardiers et chasseurs de la marque, puis elle s'est mise à récupérer les pièces de tous les autres avions, avant de sécuriser ses activités en Allemagne vers la fin du conflit. Le site a miraculeusement survécu aux bombardements alliés de 1944. Classé au titre des monuments historiques en 1993, il accueille aujourd'hui diverses entreprises, dont un atelier d'artistes et une société de construction et de rénovation, Kiffel, qui démonte notamment chaque année le grand sapin de la place Kléber.

Adresse 33 rue du Maréchal-Lefebvre, 67100 Strasbourg | **Transports en commun** Tram A/E, arrêt Lycée-Couffignal puis marcher environ 750 mètres dans la rue du Maréchal-Lefebvre | **À savoir** La société Kiffel a longtemps entreposé les troncs des grands sapins de Noël dans l'enceinte du bâtiment. Ils sont désormais transformés en compost après les fêtes pour les espaces verts de la ville.

110_La villa Oppenheimer

La maison de l'ambassadeur

En tant que capitale européenne et ville internationale, Strasbourg compte de nombreuses représentations diplomatiques, majoritairement installées dans la Neustadt et autour de l'Orangerie. De façon plus surprenante, Strasbourg accueille aussi un ambassadeur de France en France ! La ville est en effet le siège du Conseil de l'Europe, une organisation intergouvernementale européenne créée en 1949 et qui vise à sauvegarder et promouvoir les idéaux démocratiques, sociaux, culturels et économiques de ses 47 pays membres. Comme chacun de ses membres, la France compte un représentant permanent, un ambassadeur qui sert d'interface entre les autorités françaises et le Conseil de l'Europe. Ce dernier est installé depuis 1966 dans une jolie villa à proximité du parc de l'Orangerie.

Cette demeure avec 4 colonnes en façade a été construite peu avant la Première Guerre mondiale sur l'un des plus grands terrains du quartier pour l'industriel Julius Oppenheimer, alors propriétaire, avec son cousin Carl Adler, d'une importante usine de cuir. L'industriel et sa famille ne profiteront toutefois pas longtemps de leur élégante demeure de 1 600 mètres carrés. Comme de nombreux Allemands installés en Alsace après 1871, les familles Oppenheimer et Adler sont expulsées de France en 1920. Elles déploient de nouveau leurs activités de l'autre côté de la frontière avant de fuir l'Allemagne nazie à partir de 1938, étant juives. La villa est quant à elle réquisitionnée par l'Office de vérification et de compensation pour l'Alsace et la Lorraine puis occupée par l'Office des biens et intérêts privés après la Seconde Guerre mondiale.

De son côté, la famille Oppenheimer resta profondément attachée à la ville de Strasbourg. Née en 1912 à Strasbourg, Ann, la fille de l'ancien propriétaire de la villa, légua à sa mort 11 tableaux anciens d'une valeur de plus d'un million d'euros au musée des Beaux-Arts.

Adresse 40 rue de Verdun, 67000 Strasbourg | Transports en commun Bus 15, arrêt Verdun. La villa se situe tout près du bowling de l'Orangerie | Horaires d'ouverture La villa ne se visite pas | À savoir Les tableaux légués par Ann Oppenheimer sont visibles au musée des Beaux-Arts. *L'Enfance de saint Jean-Baptiste* de Sano di Pietro et le *Portrait d'homme en buste* de Tintoret sont les plus notables.

111_La Weißtannenturm

À couper le souffle

Strasbourg bénéficie d'une situation géographique particulière, bordée par le Rhin, nichée dans la plaine d'Alsace entre deux massifs montagneux. Il faut prendre un peu de hauteur pour pleinement s'en rendre compte. Pour cela, il suffit de passer de l'autre côté de la frontière – une fois n'est pas coutume – afin d'accéder à un très bon point de vue : plantée sur la rive allemande du jardin des Deux-Rives, la Weißtannenturm – ou « tour de sapin blanc » en français – est un magnifique poste d'observation.

Construite à partir de trois troncs d'arbres issus de la forêt de Nordrach, près d'Offenbourg, et offerts par l'administration forestière allemande et l'association du Weißtannenforum, la tour de 44 mètres a été inaugurée en 2004. Cette cérémonie a eu lieu lors des premières floralies frontalières qui ont également marqué l'inauguration du jardin des Deux-Rives.

Il faut gravir 210 marches pour atteindre la plateforme installée à son sommet. Là, telle la vigie d'un bateau, elle offre un panorama rare et exceptionnel sur Strasbourg : on voit au loin la cathédrale ou le nouveau quartier des Deux-Rives que l'on peut approcher grâce à la lunette d'observation. Sous nos yeux se dévoilent l'église Saint-Johannes-Nepomuk, la roseraie de Kehl et le jardin des Deux-Rives où Allemands comme Français aiment venir flâner. Depuis le sommet de la tour, impossible d'imaginer une frontière entre les deux pays. Même celle, naturelle, dessinée par le Rhin, semble complètement s'effacer avec la passerelle Mimram où les chefs d'État – dont Angela Merkel, Nicolas Sarkozy et Barack Obama – se sont retrouvés en 2009 lors du sommet de l'OTAN. Plus récemment encore, c'est le pont Beatus-Rhenanus qui a fait venir le tram strasbourgeois jusqu'au centre-ville de Kehl. À l'horizon, les Vosges à l'ouest et la Forêt-Noire à l'est semblent dessiner le cadre de ce joli tableau strasbourgeois.

Adresse Jardin des Deux-Rives, 77694 Kehl, Allemagne | **Transports en commun** Depuis l'Allemagne : Tram D, arrêt Kehl-Rathaus ; depuis la France : traverser la passerelle des Deux-Rives et longer le Rhin vers le sud | **Horaires d'ouverture** Ouverte 24 h/24, 7 j/7 | **À savoir** Au pied de la tour, le restaurant Rheinschneck est une brasserie de plein air très agréable, un *biergarten* typique de nos voisins allemands.

1
Place de Haguenau
84
Blvd du Président Poincaré
Rue Georges Wodli
Blvd du Président Wilson
Rue du Faubourg de Saverne
Rue du Marais Vert
86
33
34
98
Place de la Gare
85
STRASBOURG
54
6
Place Kléber
36
Rue du Maire Kuss
96
15
Rue
55
du 22 Novembre
78
95
47
62
1
106
Blvd de Metz
Grand Rue
PETITE FRANCE
97
105
38
3
68
104
L'Ill
Rue de Molsheim
Rue d'Obernai
Boulevard de Lyon
Rue des Glacières
Rue Kirschleger
50
L'Ill
Rue Humann

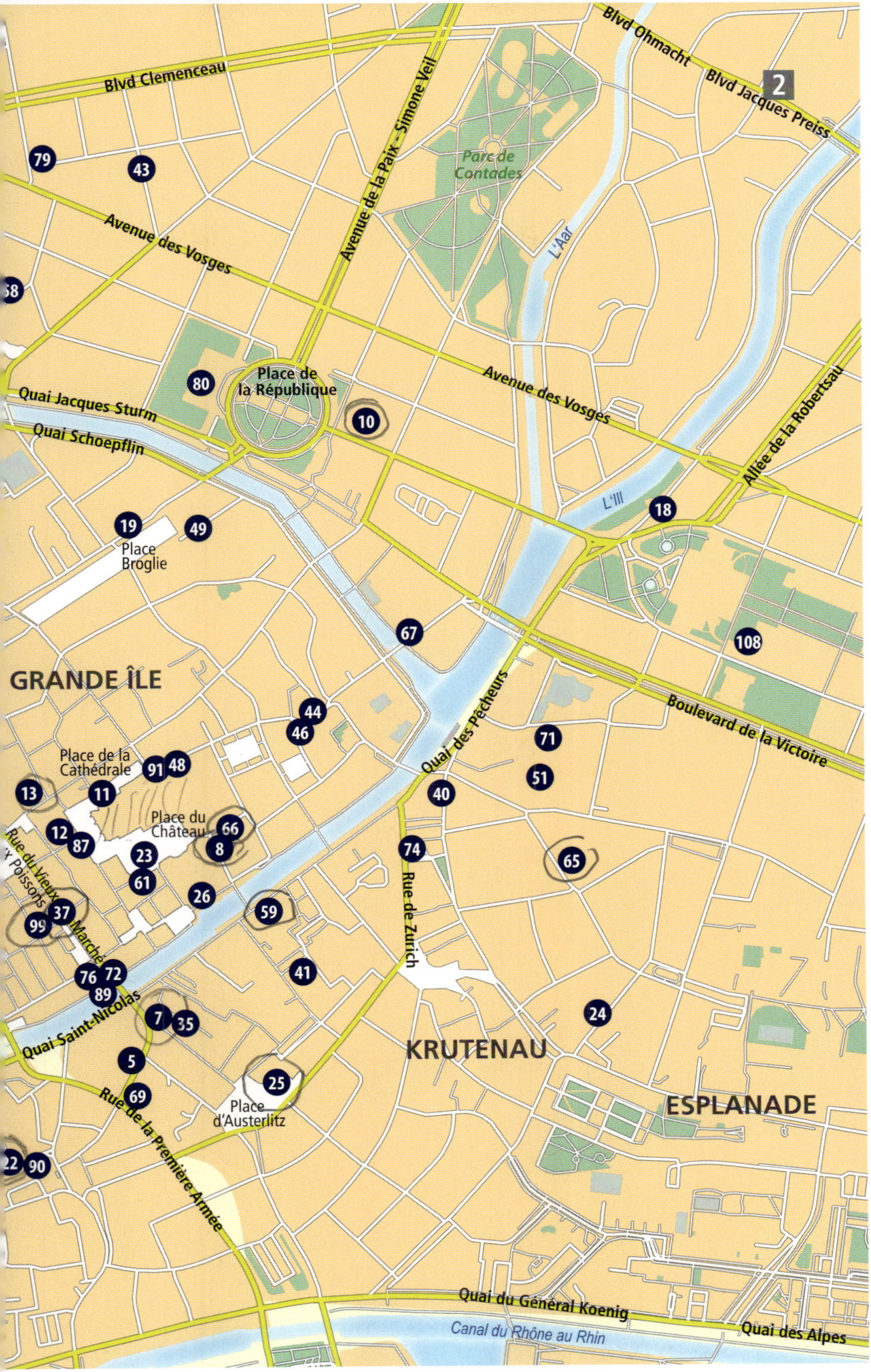

2
Blvd Clemenceau
Blvd Ohmacht
Blvd Jacques Preiss
Avenue de la Paix - Simone Veil
Parc de Contades
L'Aar
Avenue des Vosges
Place de la République
Quai Jacques Sturm
Quai Schoepflin
Allée de la Robertsau
L'Ill
Place Broglie
GRANDE ÎLE
Boulevard de la Victoire
Quai des Pêcheurs
Place de la Cathédrale
Place du Château
Rue du Vieux Marché aux Poissons
Rue de Zurich
Quai Saint-Nicolas
KRUTENAU
ESPLANADE
Place d'Austerlitz
Rue de la Première Armée
Quai du Général Koenig
Quai des Alpes
Canal du Rhône au Rhin
79
43
58
80
10
18
19
49
67
108
44
46
71
91
48
51
13
11
40
66
12
8
87
74
65
23
61
26
37
59
99
72
76
41
89
24
7
35
5
25
69
22
90

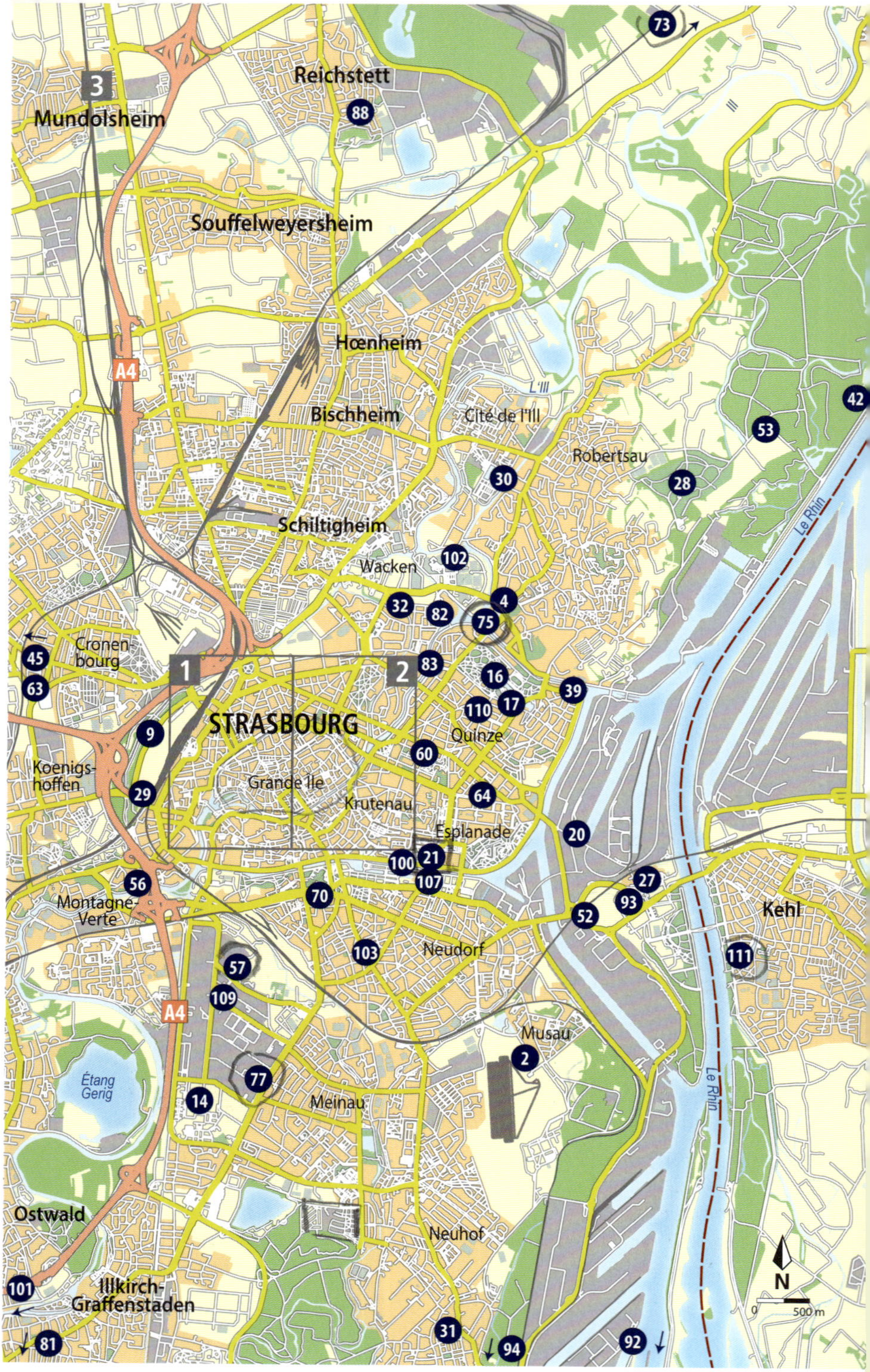
Reichstett
Mundolsheim
3
Souffelweyersheim
Hœnheim
Bischheim
Cité de l'Ill
L'Ill
Robertsau
Schiltigheim
Wacken
Le Rhin
Cronenbourg
STRASBOURG
1
2
Quinze
Koenigshoffen
Grande Île
Krutenau
Esplanade
Kehl
Montagne-Verte
Neudorf
A4
Musau
Étang Gerig
Meinau
Le Rhin
Ostwald
Neuhof
Illkirch-Graffenstaden
N
0
500 m
73
88
42
53
28
30
102
4
32
82
75
45
63
83
16
17
39
9
110
60
29
64
20
21
100
107
27
56
93
70
52
111
57
103
109
2
77
14
101
81
31
94
92

Sophie Nicolas
111 Lieux en Alsace
à ne pas manquer
ISBN 978-3-7408-0698-9

Jean-Christophe Collet
111 Lieux à Rennes
à ne pas manquer
ISBN 978-3-7408-1021-4

Sybil Canac, Renée Grimaud,
Katia Thomas
111 Lieux à Paris
à ne pas manquer
ISBN 978-3-7408-0697-2

Irène Lassus-Fuchs,
Julian Spalding
111 Goûts à Paris
à ne pas manquer
ISBN 978-3-7408-0713-9

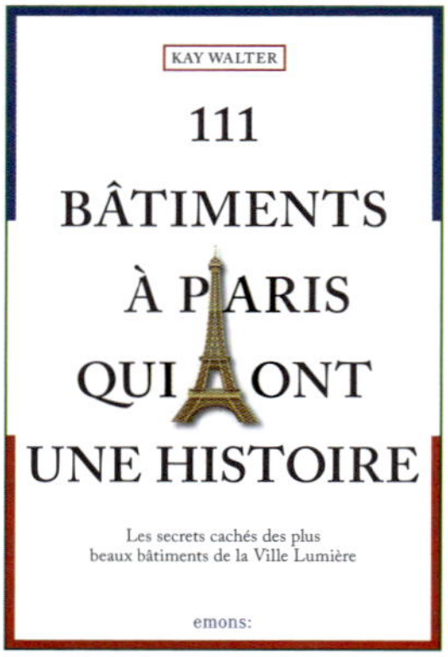

Kay Walter
111 Bâtiments à Paris
qui ont une histoire
ISBN 978-3-7408-1025-2

Daniel Moirenc
111 Lieux en Normandie
à ne pas manquer
ISBN 978-3-7408-0834-1

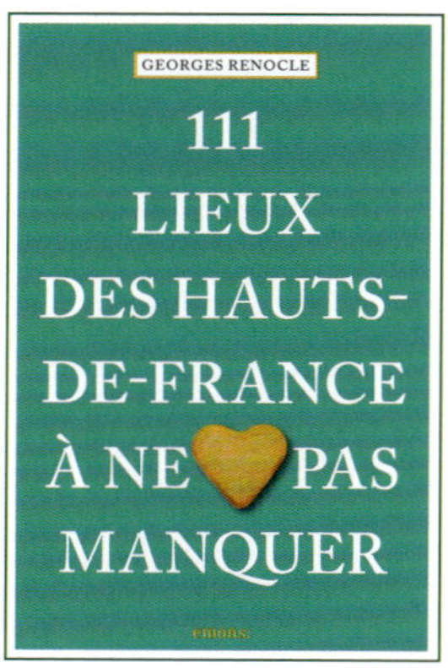

Georges Renocle
111 Lieux des Hauts-de-France
à ne pas manquer
ISBN 978-3-7408-0696-5

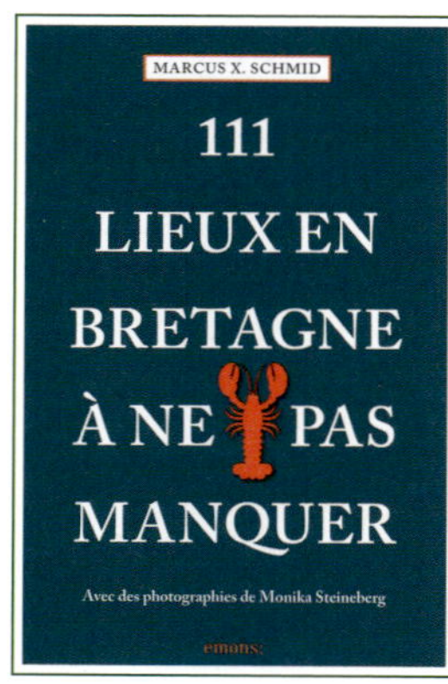

Marcus X Schmid
111 Lieux en Bretagne
à ne pas manquer
ISBN 978-3-7408-0821-1

Daniel Moirenc
111 Lieux en Provence
à ne pas manquer
ISBN 978-3-7408-0699-6

Daniel Moirenc
111 Lieux sur la Côte d'Azur
à ne pas manquer
ISBN 978-3-7408-0700-9

Evelyn Pschak von Rebay
111 Lieux dans les Pyrénées
à ne pas manquer
ISBN 978-3-7408-0809-9

Kay Walter, Rüdiger Liedtke
111 Lieux à Bruxelles
à ne pas manquer
ISBN 978-3-7408-0830-3

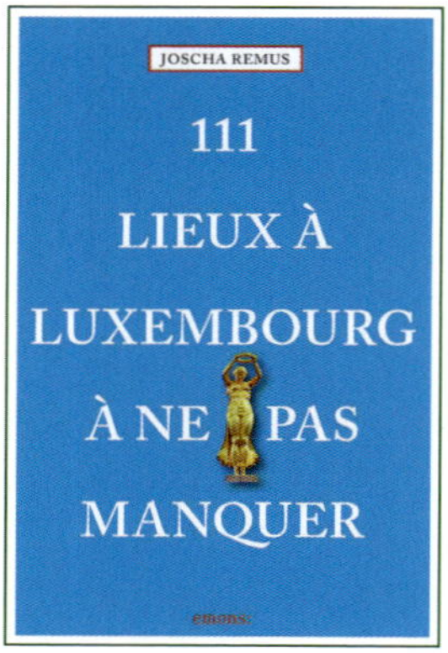

Joscha Remus
111 Lieux à Luxembourg
à ne pas manquer
ISBN 978-3-7408-0868-6

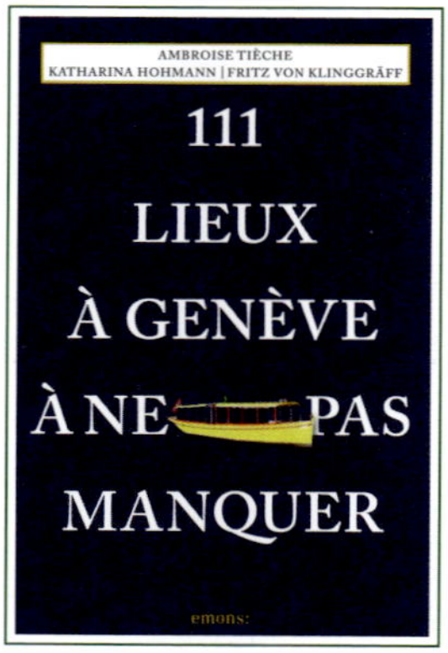

Ambroise Tièche, Katharina Hohmann, Fritz von Klinggräff
111 Lieux à Genève
à ne pas manquer
ISBN 978-3-7408-0868-6

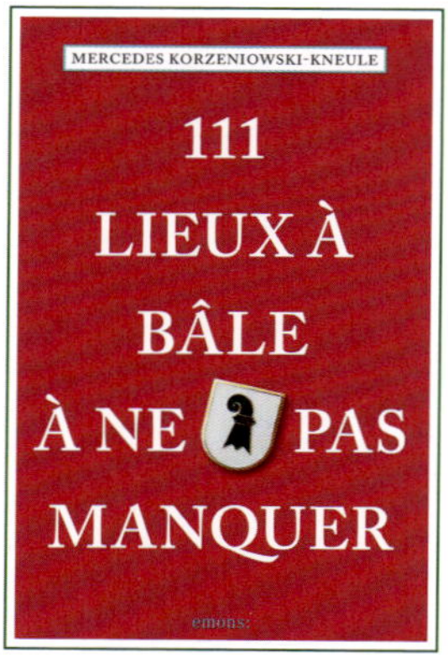

Mercedes Korzeniowski-Kneule
111 Lieux à Bâle
à ne pas manquer
ISBN 978-3-7408-1023-8

Sonja Muhlert
111 Lieux à Bienne
à ne pas manquer
ISBN 978-3-7408-1024-5

Remerciements

À Anna, ma petite Strasbourgeoise curieuse et passionnée. À Sarah pour son soutien au quotidien.

Un grand merci à Pierre Bergmiller, Laurène Philippot, Géraud Lebrument, Marc Mathey, Sophie Balland, Géraldine Amar pour leur aide précieuse et toutes les personnes qui, au fil des rencontres, m'ont ouvert leur porte. Un grand merci à Audrey Hocheder pour son accompagnement et à Lucie Barthod pour sa précieuse relecture. Une pensée pour ma famille et mes amis qui m'ont encouragé dans ce projet.

Thibaut Bernardin est un Strasbourgeois amoureux de sa ville. Passionné de photographie et spécialiste en marketing digital, il aime partager ses découvertes à Strasbourg et dans le reste du monde sur son blog Cotad.com et sur les réseaux sociaux. Il est également rédacteur sur les sites Mon Week-End en Alsace et Carnet d'Escapades.